# サイコドラマの理論と実践

## 教育と訓練のために

磯田 雄二郎
Yujiro Isoda

Theory and Practice of Psychodorama: For Education and Training

誠信書房

# 序　文

G・マックス・クレイトン博士

サイコドラマの技法はこれまで長年月にわたって日本でも教育が行われ、また様々な分野に応用されてきている。日本のサイコドラマチストたちは、個人的・集団的なサイコドラマ、ソシオドラマ、ロール・トレーニングといった方法論やその思考方法にずっと慣れ親しんできた。それだけでなく、その方法が日本の風土においても有効性を発揮するように改良してきた。

20年以上にわたり、日本におけるサイコドラマチスト養成のための研修会を開催してきたが、この私の経験は満足のいくものであった。研修生たちがますますその自発性を発展させていく様子を見るのはいつも喜びであった。それはきまって、様々な研修会における喜びや、遊び心の発揮や笑い、そして他者の有する創造的な魂に対する認識と賞賛といったものの中に観察されるのであった。サイコドラマのセッションを実践する監督《ディレクター》たちは、セッションへの他の参加メンバーたちの体験に対する敬意はもちろん、自分の体験に対する自信を深めていき、その結果として、強固な協力関係が構築されていった。監督《ディレクター》たちの自己表現能力が成長－発展し、その経験と調和が取れてくると、その個人の独自性が、個々の場面においてその人固有の「味」といったものを生み出すようになる。もちろん、このことは必要不可欠である。なぜならわれわれが相手にしているのは、一人ひとり少しずつ異なった背景を持ち、異なった状況に置かれた生身の人間だからである。

そればかりではなく、ほかにもサイコドラマという方法論の実際への応用に関しては多くの実例が見出せる。実践場面は時に恐ろしく感じられることもあるかもしれない。しかしながら、こうした創造的な営為であるサイコドラマは、病院や外来クリニック、学校、大学、企業、地域社会、さらに個人的な営みにおいても大きな実を結ぶことがあるのである。私はこのことを強調したい。

サイコドラマの訓練は重要なものである。私と訓練を受けた人々は、この方法の持つ様々な側面を概念化し、効果的な訓練方法を開発し、日本各地で組織的に実践してきた。この点において、世界中で普遍的に行われている研修方法をそのまま真似するといった方法を、日本のトレーナーたちは採っていない。この重要な訓練は表現力と探究心を触発し、製作者《プロデューサー》あるいは補助自我としての機能に生き生きと取り組むよう励ましてくれる。その取り組みは常に改良されてとどまるところを知らない。

こうした効果的な教育や訓練の重要な土台となるものは、面白くて知性にあふれた著作を著すことである。したがって、日本のサイコドラマチストによるこうした著作の出版は大いに喜ぶべきことである。私は、本書の出版にいささかなりとも貢献できたことに誇りを感じている。この本全体および一つひとつの章が、サイコドラマチストのアイデンティティ(同一性)を強め、更なる効果的なドラマの刺激剤となってくれることを望んでいる。

(磯田　訳)

# 目次

## 2. 基礎訓練 36



## 3. 理論的な基礎 43

## 第3章　サイコドラマの展開　65

## 2．ドラマタイゼーションないし劇化（エナクトメント）の段階　114

# 第1章

# サイコドラマとは何か

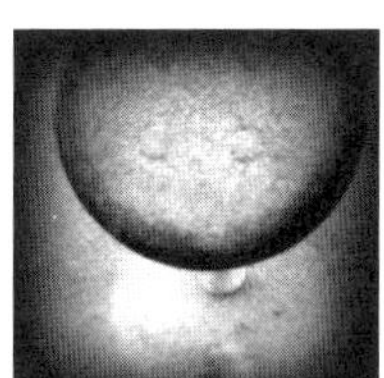

# 1．サイコドラマという治療法

サイコドラマ（psychodrama. 心理劇。モレノ〈Moreno, J.L.〉が考案した、即興劇の方法を用いた集団精神療法）という言葉は、最近になってようやく市民権を得てきた感があります。しかし、その内容について十分に周知されているとはいえません。にもかかわらずその影響は広い分野において、その実際が理解されないまま広まっています。例えば、介護福祉の分野において最近よく行われる訓練に、「高齢者体験実習」という項目があります。身体に錘《おもり》をつけ、視野の限られためがねを着用して、実際に視野が狭くなり、身体運動に制限の加えられる高齢者と同じ体験をするという実習で、大きな教育的成果を上げています。この考え方もサイコドラマに淵源《えんげん》を持つものです。

サイコドラマには役割交換（role reversal. ロール・リバーサル。監督《ディレクター》がドラマの中で、二人の演者に互いの役を交替させ、互いの目を通して、今日まで気づかなかった自分の姿を発見する）という技法があり、相手になることで相手の気持ちが理解できるのだということを体験的に学習できます。この原理が「高齢者体験実習」の根本にあることはいうまでもありません。

このようにわれわれは、特に体験学習場面においては、サイコドラマから影響を受けた様々な技法を知らず知らずのうちに用いています。

サイコドラマの創始者J・L・モレノ[*1]は、後年多くのサイコセラピストたち、例えばカール・ロジャーズ[*2]、S・R・スラヴソン[*3]、フリッツ・パールズ[*4]らと、役割交換の考案者としてその名を争うことになる重要人物ですが、これもモレノの考案した技法が、いかに広範囲にその影響を及ぼすものであるのかを如実に示すエピソードでしょう。

しかしながらその技法や考え方の広がりに比して、サイコドラマそのものは十分に知られているとはいいがたいのが現状なのです。それどころか、何か特別な手法であると受け取られている節さえあるようです。そこで本書では、まず導入のために、サイコドラマについて、その本質と成り立ちについて、またそれがどのようなものであるのかを簡潔に語ってみることにしましょう。

先にも述べたように、サイコドラマとは、モレノによって開発された治療法であり、治療科学でもありますが、次のように言い換えてもよいでしょう。

- サイコドラマは集団精神療法である。
- サイコドラマは演劇である。
- サイコドラマは科学である。
- サイコドラマはエンターテインメントである。

どうでしょう。サイコドラマはこのように、右に挙げた領域のそれぞれに属しています。さらにいえば、

---

＊1　Moreno, J. L.: 1889～1974. オーストリア生まれの米国の精神科医。サイコドラマの創始者。
＊2　Rogers, C. R.: 1902-1987. 米国の心理学者。「クライエント中心療法」の創始者。
＊3　Slavson, Samuel R.: 1891～1980. 米国の精神療法家。元々は企業マネージャー。後、集団精神療法に転ずる。１９４２年に米国集団精神療法協会（ＡＧＰＡ）を創設する。
＊4　Perls, Fritz: 1893～1970. ドイツ人精神科医。ゲシュタルト療法の創始者。

これらを総合したものがサイコドラマであるということになります。以下、個々の領域について詳述していきたいと思います。

## A　集団精神療法としてのサイコドラマ

サイコドラマとは何よりもモレノ（図1－1）によって発見され創始された、集団精神療法です（ここでは、集団精神療法を、集団の力動を通じて治療的作用を集団の構成メンバーに及ぼすような働きかけを行う技法一般を指すものとする）。集団精神療法という概念もモレノが一九二五年に、アメリカ精神医学会（APA）における「集団治療」のシンポジウムで初めて提唱したものです。

サイコドラマはウィーンでの活動の時代（一九一八－一九二一）に、モレノが監督を行っていた実験的な劇場、「自発性劇場」（Stegreiftheater/Theater of Spontaneity. 即興劇場）にその淵源を持つとされています。この「自発性劇場」には、ジョルジュとバルバラという人物の次のような有名なエピソードが残されています。

図1-1　モレノ
（『誠信心理学辞典』p 573より）

当時、自発性劇場でモレノの下で演出助手をしていたジョルジュは、劇団の看板女優であったバルバラと結婚します。しかし清楚なお嬢様役を演じてきたバルバラは、私生活ではヒステリックにわめきたてる女性でした。これに悩んだジョルジュはモレノに相談します。モレノはある日、新聞の三面記事に載った売春婦の役をバルバラに割り振りました。舞台上で金銭のトラブルについて金切り声で相手を罵倒して相手に殺されるという役を演じた彼女はその後、実生活ではジョルジュに対してやさしく接するようになったそうです。

このエピソードからモレノは、「舞台に立って観客集団の前で自らの抱える問題を演じきることに治療的な意味がある」ことに気がついたといわれています。ここで集団の治療的な機能が発揮された、とモレノは把握したのです。それが、モレノがサイコドラマを治療に利用した始まりでした。

その後アメリカに移住したモレノは、ニューヨーク郊外のビーコンに自らの病院（ビーコンハウス）[*5]を建てるとともにサイコドラマ劇場を併設します。そこでサイコドラマを用いた治療は、入院患者のみならず、地域住民に対しても行われていくことになりました。

このような、サイコドラマを用いた社会に対する働きかけを、社会に対する治療として「ソサイアトリー」(sociatry. 社会学 sociology と精神医学 psychiatry との合成語）とモレノは名づけています。モレノには強い社会変革の意欲があり、キューバ危機に際し、当時の東西両陣営の指導者ケネディとフルシチョフは、「役割交換」をして、互いの主張を相手側の立場から聞くことで平和を実現できると提唱したりしました。

## B　演劇としてのサイコドラマ

### (1)　創始者モレノ

サイコドラマの演劇性は、モレノの人生に大きく関わっています。サイコドラマの創設者モレノは、独特なキャラクターの持ち主でした。モレノは元来がアナルコ＝サンジカリスト[*6]でしたから、私的財産の所有に反対の立場を取り、学生時代には同僚の学生仲間と無所有の共同生活を送り、貧困家庭の子供たちに勉強を

＊5　モレノがニューヨーク州郊外の町ビーコンにつくった、精神科の療養所。サイコドラマ劇場や印刷所などが併設された。現在は残念だが解体されてしまっている。

教えるという学生セツルメントの活動に従事していました。

一九一八年、大学を卒業して医師資格を取得した後、ウィーン郊外の町バート・フェスラウの厚生部長として働きました。夜になると、ウィーン市街に戻って前衛的演劇運動に打ち込んでいたモレノは、前衛雑誌『ダイモン』を発行し、芸術活動にも熱を上げていました。当時のウィーンといえば、第一次世界大戦後、オーストリア＝ハンガリー二重帝国が敗戦によって解体され、革命運動が大きな勢力を持った変革の時代でした。この時代には演劇会においても、様々な新しい試みが行われ、アヴァンギャルドが大きな影響力を発揮します。モレノは筋金入りのアヴァンギャルドの信奉者でしたから、彼もまた前衛的な運動へと身を投じていたのです。

### （2）自発性劇場

彼がこのころやっていた演劇は「自発性劇場」と呼ばれるもので、即興劇の一種でした。特に「新聞即興劇」（living newspaper）と呼ばれる技法は、その日の出来事を新聞の記事から取り出して、それを劇として再現するというものでした（後にわが国でもStantzと呼ばれて導入されていたといわれている）。こうした即興劇が現在のサイコドラマの基本をなしています。

実際、サイコドラマにおいては決められた脚本というものはありません。また、脚本を話し合いながら決定していくという演劇の手法を用いていないのは、自らが自らの状況を演じていく中から、新しい展開が得られるという即興的なものに重きを置いているからです。しかしながらモレノのサイコドラマが、演劇に多くを負っていることは確かなことです。

## （3）サイコドラマでの名称と性質

こうした演劇の影響は、サイコドラマで用いられる名称や用語にも色濃く認められます。自らの問題を演じるグループメンバーは「主役」と呼ばれ、グループ（集団）の指導者つまり集団治療家は、通常の「リーダー」ではなく監督《ディレクター》と呼ばれることからも分かるでしょう。この技法そのものに「サイコドラマ」（心理劇）という名前が冠されていることからも、演劇の影響は窺えますが、サイコドラマは、ドラマという名に反して、演劇ではありえないという大きな特徴を持っているのです。この点は次に紹介するエピソード、「ツァラトゥストラ騒動」（一九一一年）に象徴されています。

ある日、ウィーンで有名な劇団がニーチェの原作を基にした芝居『ツァラトゥストラはかく語りき』を上演することになり、その劇の主役を演じる俳優はモレノの知人でした。初演当日の朝、たまたまモレノは主役の俳優とカフェでお茶を飲んだといいます。その日の夕方、観劇に行ったモレノは、主役俳優が出現すると、「君は今朝、僕と一緒にカフェにいた××ではないか。どうして君がツァラトゥストラなのだ？・」と問い詰めて、劇をめちゃくちゃにしてしまったというのです。

このエピソードにこそ、モレノの真実探求の姿勢が示されています。ここには、演劇のドラマとは一線を画した、サイコドラマの際立って異なる性質が表れています。

＊6　（前々頁）無政府共同体主義者の意。中央政府を廃止し、サンジカと呼ばれる共同体の協働により、社会は十分に運営されると主張し、またそれを追求する政治潮流の一つ。マルクスが「空想的共産主義」として厳しく批判した。

## C　科学としてのサイコドラマ

サイコドラマはまた、科学的な手法の一つでもあります。ここでいう科学とは、実証科学という意味です。サイコドラマは、科学的であるという点でも、前に述べた通常の劇（ドラマ）とは異なっています。演劇は一般的に、科学ではなく芸術の領域に属するものですから、科学のような、実証的手続きなどは必要とされません（この点で、一般の芝居の世界にもかかわらず、自らがツァラトゥストラであることの証明を主役に求めたモレノの姿勢は、完全に誤った言動であったといわざるを得ない）。

繰り返しになりますが、ドラマに何を求めるかという点についての、サイコドラマチストとしてのモレノの姿勢を、やはり「ツァラトゥストラ騒動」の一件がよく照らし出しているのではないでしょうか。

ところで、サイコドラマの科学性は、モレノの科学的追究の姿勢にもはっきり示されています。その端緒は、イタリア系市民の強制収容所でのエピソードにさかのぼります。第一次世界大戦時、無政府主義者の立場として、当然反戦主義者でもあったモレノは兵役を拒否したため、徴兵されてから、後方での懲罰的な勤務に就くことになりました。そこで彼が任された仕事は、集団の内部構造を調査するというものでした。このときモレノは、集団内での人間関係を客観的に記載する方法論を独自に編み出すことになります。これを「ソシオメトリー」といいます。

このソシオメトリーは、一時は集団を扱う人々にとっての唯一の方法となって、特に社会学者の注目を浴び、一世を風靡するに至りました。サイコドラマは、このソシオメトリーをその基盤としており、その点でも科学的な研究手段としての側面を有するものなのです。

モレノは一九二一年に渡米した後、サイコドラマに関わる雑誌『ソシオメトリー』(*Sociometry*)を発行します。この雑誌はアメリカ社会学会(ASA)に買収されて、その機関誌にもなりました。ここで、モレノはあくまでもサイコドラマを科学的なものとして追究しています。とりわけ、個人の社会関係との関連でサイコドラマを評価し、利用しようとしていた形跡がここでも窺えるのです。

そして今現在も、ソシオメトリーはサイコドラマにおける重要な科学的な手法の一つをなしています。ここでは、サイコドラマと科学との関連については、特に「ソシオメトリー」という方法を用いて探究せられていると述べるにとどめておきたいと思いますが、サイコドラマは何よりも科学であり、科学的な手段に基づいた技術として追究されてきたものなのです。[*7]

## D　エンターテインメントとしてのサイコドラマ

最後に述べておきたい特徴は、サイコドラマがエンターテインメントでもあるということです。商業演劇でもそうですが、芝居の内容に心をうたれて初めて、われわれは大きな感動を得ることができます。また、すばらしい俳優の演技に魅了されることで、時にわれわれは至福の世界へと誘われるのです。これこそエンターテインメントの価値ですが、同じことがサイコドラマでも起こりえます。ただし通常の演劇とは異なり、サイコドラマのすばらしさはその真実性の追究にあるといえるでしょう。これはいったい、どういうことでしょうか。

*7　詳しくは『エッセンシャル・モレノ』(フォックス　二〇〇〇)を参照のこと。

そこで、劇場で芝居を鑑賞している場面を想像してみましょう。主役が演じる真実の人生に対して、その勇気や愛情や、時には逆に憎悪や狡猾さといった、あらゆる人生の要素を目の当たりにします。これはある意味では、すばらしいエンターテインメントです。

先ほど述べた、ジョルジュとバルバラのエピソードを例にとっても、彼ら二人が自らの夫婦関係の問題を演じてみせたとき、それを観ていた観客の人気は最高頂に達したといいます。スタニスラフスキー[*8]が教えるように、演技において大切なことは、いかに真実の感情を演じるか、それが真実に見えるかということなのです。別の見方をすれば、真実が演じられることこそが必要なことであって、演技そのものは必要ではないということになるのではないでしょうか。

とりわけサイコドラマにおいては、主役も補助自我も含めて演じるのは患者などの素人です。ですから、その演技に関してもアマチュアがやるということになります。そのようなアマチュアの演劇にあって、表現される真実の輝きがあるからこそ、観客は感動するのではないでしょうか。

## 2. 集団精神療法の起源について

サイコドラマについて、さらに深く考えていくうえで、われわれの生きる現代というものが、集団の時代であるということを考察してみる必要があります。これは、サイコドラマが「集団精神療法」の一つであるということとつながってきます。集団の時代というときの「集団」とは、どういうことを指すのでしょうか。

## （1）「集団」の意味

集団という概念はある意味で、近代市民社会の根本理念である「個人」と対立する概念です。周知のように、近代市民社会（同時にそれは、近代資本主義社会といってもよい）の基本理念は自由競争の原理、市場原理に依拠しています。したがって個人主義とは、個人責任の原理ということになります。そして、個人は自己の信ずるところに従って行動し、その結果として自己責任を取るという「美しい幻想」に深くとらわれていると思います。しかし、これが幻想に過ぎないということは、例えば大量殺人などのスキャンダラスな事態が起こると、すぐに犯人の家族がマスコミ取材や非難の矢面に立たされるという事態を思い起こしてみると分かるでしょう。

もしも本当に個人主義的な社会であるならば、家族も共犯関係にある場合を除き、家族など周囲の人間たちが、成人である一個人に代わり責任を追及されるなどあってはならないことだからです。このような幻想の破綻を歴史的に指し示しているのが、西欧におけるナチズム、ファシズムでした。ナチズムをはじめとするファシズムの語源がファッショ（ローマで権威を示すとされた斧の周囲に木の束をまとめたシンボル）にあることに示されるように、個人主義の「行き過ぎ」に対するアンチテーゼである集団主義として、ファシズムが生まれてきたという社会的背景があります。つまりは西欧社会自体の中から、近代市民社会に対する根本的な疑問符が投げかけられたといっても過言ではありません。

＊8　Stanislavsky, K.: 1863～1938. ロシア生まれの演劇家。後年アメリカ合衆国に渡る。リアリズム演劇を提唱し、スタニスラフスキー・システムと呼ばれる訓練法を案出した。

## （2） 第一次および第二次世界大戦と集団精神療法

ところで、集団精神療法もまた、特に二度の世界大戦という世界史上の激動の時代と決して無関係ではありませんでした。集団精神療法が開始されたのは、一九〇〇年代初頭のニューヨークであったといわれています。それは一九〇六年、ジョセフ・プラットの結核教室に始まるものとされます（Pratt 1906）。

しかしながら、集団精神療法の研究において重要な論文である「集団心理学と自我の分析」（フロイト 一九七〇）が書かれたのは一九二一年のことであり、S・フロイトはこの論文の冒頭で、第一次世界大戦が彼に与えた大きな影響について個人的な感想を述べています。

同じく、集団精神療法の基礎をなした論文であり、集団についての基底的想定と呼ばれる幻想的な心性の存在を最初に明らかにしたものに、W・R・ビオンの『集団についての経験』（Bion 1961）があります。これは第二次世界大戦における彼自身の体験を基にして書かれたものです。それに、その後のタビストック・クリニックでの集団を用いる訓練体験を加味したものが、集団精神療法の起こりであるとされています。

このように二度にわたる世界大戦とそこで生み出された大量の「戦争神経症」（shell shock）患者の存在は、集団に対する対処と知見を深めていくうえで、集団精神療法の発展に大きく寄与したといえるでしょう。さらに付け加えるならば、集団精神療法での理解の一部は、ナチズムに対する反省の意を汲んでいることも銘記しておく必要があります。

ナチズムは当時の最先端の知識による技術と技法を駆使し、集団を操作していきました。そして残念ながら、集団の操作はこのように、集団の力動（心性）を理解すれば容易に成し遂げられてしまうところがあります。ビオンがいみじくも主張するように、集団の基底的想定と呼ばれる原始的な心性にあっては、幻想や思い込みが優位なものである以上、集団それ自体は容易に基底的な想定集団に変化してしまいます。その結果、容易に他者から操作されることになり、排外主義的、排他主義的な行動を顕在化させるに至ってしまうのです。それが当時のドイツの、ナチスによるユダヤ人虐殺とその正当化です。

こうした、ナチスの集団の特性の悪用に問題があるのはいうまでもありませんが、同時代に育まれていった集団精神療法の立場にあっても、その知見を悪用される余地があったということは否定できないことであり、この事実を自らの原罪として負うべき、反省すべきものとしなければならないでしょう。それはまさに、こうした集団の時代にこそ、集団精神療法に注目が集まるという歴史的証左というべきものでしょう。いい加減な集団精神療法を普及させてはいけないという自戒の気持ちを、われわれ集団精神療法に携わる人間に起こさせる問題です。

## 3. サイコドラマの歴史

サイコドラマの創始者がモレノであることを否定する人はいないでしょう。もちろんその後も様々な人々が、サイコドラマという技法に改良を加えている事実は否定できません。しかしこうした後世の人々が、モレノの業績を抜きにしては自らの業績を重ねることができなかったのも事実でしょう。

### (1) モレノの生い立ちと家系

そうなると、ここで関心が向けられるのは、どのようにしてモレノがサイコドラマという手法を開発するに至ったかということではないでしょうか。モレノ自身でも自伝を書いていますが、あまりに自己を神格化しすぎていて、当てにならない部分が多いのです（興味のある方は、ジョナサン・フォックス著『エッセンシャル・モレノ――自発性、サイコドラマ、そして集団精神療法へ』〈二〇〇〇〉第四部の最終章「緑のマントの男」参照のこと）。この分野において、最も正確とされる伝記は、ルネ・F・マリノーの手による『神を演じつづけた男――心理劇の父モレノの生涯とその時代』（一九九五）です。

マリノーの伝記によると、モレノ自身の自伝における記載（「一八九二年黒海を航行中の船の上で出生」）とは異なり、モレノが生まれたのは、当時オーストリア＝ハンガリー帝国の一地方都市であったブカレスト（現在はルーマニアの首都）ということです。父はモレノ・レヴィ・ニッシム、後年モレノ自身の意思で父の名前モレノ・レヴィを自らの姓と入れ替えて、レヴィ・モレノを姓とするに至っています。その経緯についても、モレノ自身は十分な説明を加えていません。

モレノの家系はレヴィという出自（レヴィとはモーゼの義兄であり、最初の司祭となったアロンの子孫であることを示す名前）が示しているように名門の出身でしたが、父親の代から無神論であったようです。モレノ自身も終生「神は死して、各自自ら《みずか》が〈神〉である」とみなす立場を崩すことはありませんでした。

最も有名なエピソードは、ある日、ほかの子供といつものように遊んでいたときのことです。神様ごっこの中心となってモレノが神の役目となったときに、友人に「神様ならば（全能であるなら、よじ登った椅子の上から飛び降りても怪我はしないだろう）、飛び降りてみろ」と挑発され、椅子の山の上から飛び降りて骨折をしたというものです（マリノー　一九九五）。モレノは幼いころから、このようにほかの子供を集めては、集団の中で遊ぶことが大好きだったようで、ウィーンでは、市内に多数ある小公園で子供を集めてお話ごっこをしていたそうです。

## （2） ウィーン大学人文学部でのモレノ

モレノはウィーンのギムナジウム（高等学校であるが、大学入学の準備のためにラテン語を学ぶため、ラテン語学校とも訳される）に学びましたが、反抗的な姿勢が災いして、教師に嫌われて卒業を認められませんでした。モレノ自身は医師を志望していましたが、ウィーン大学で医学を学ぶためにはギムナジウム卒業の資格が必要であったために叶わず、やむなく入学に資格制限のない人文学部に入学して哲学を学び、そこでの卒業資格をギムナジウム修了の資格として代用し、どうにか医学部へと進学を果たしました。

このときの、人文学部で哲学を専攻した体験はモレノにとって貴重なものとなり、彼は多くの収穫を得たようです。一つには、彼は哲学（神学も含め）を学ぶことにより、無神論的汎神論とでもいうべき彼の立場を確立することができたということ。いま一つはこの間に、彼は先に述べた様な無政府主義的なセツルメント活動に熱中し、様々な人生経験の中で自己研鑽することができたということでしょうか。

このころ、彼はあらゆる私有財産を放棄する活動を大学の友人らと繰り広げ、その実践のために、自らも外套として羽織る緑のコート以外身にまとわず、無所有のままの生活を送っていました。このときモレノは貧民街で生活をし、そこで貧しい人々の子供たちに読み書き計算を無償で教える活動をしています。そのときの活動は、一面ではモレノの「お話ごっこ」に収束していきます。またこのときモレノは、ウィーンの街娼たちと知り合い、彼女らの悲惨な境遇に強く突き動かされて、彼女たちが少しでもその状況を改善できるために力を貸そうとして、街娼たちの労働組合作りをしています。こうした数々の社会体験が先に述べたイタリア系市民の強制収容所での体験とあいまって、「ソシオメトリー」を確立する礎となったと考えられるのではないでしょうか。

## （3） ウィーン大学医学部卒業後のモレノ

このように、紆余曲折を経てウィーン大学医学部に進んだモレノは、卒業（ちょうど一九一八年のこと）した後、ウィーン郊外の住宅都市バード・フェスラウの衛生部長に就任するとともに、昼間は医師として衛生活動に従事する傍ら、夜にはウィーンに戻り演劇活動に打ち込みました。この当時第一次世界大戦はオーストリアの敗北によって終結し、オーストリア帝国は解体され、皇帝であったハプスブルク家は追放されて、ウィーンは政治的な空白の状態にありました。そこではかつての第二次世界大戦後のわが国と同様、多様な可能性を確かめるためにあらゆる技法が試され、試みられるという状況が生み出されていて、前衛芸術が花開いていました。モレノもまたこうした前衛演劇家の一人であり、即興劇を中心とした活動を行っていました。

彼が主宰した劇団は「自発性劇場」と名づけられ、特にその日の出来事を新聞の社会面からピックアップして演じる「新聞即興劇」と呼ばれる技法によって有名でした。先にも述べたジョルジュとバルバラのエピソードはこの劇団でのものであり、ちなみにその後の展開についていえば、ジョルジュとバルバラの自らの夫婦生活を演じる劇は好評を博しましたが、結局は結婚生活を長くは続けられなかったといわれています。

## （4） アメリカでのモレノ

しかしモレノはウィーンでの活動に満足せず、弟のいるアメリカに渡ります。一九二一年のことです。このときモレノは後の磁気テープの元となる発明をしており、それを手土産としてアメリカに渡り、それを元手に経済的な成功を目指したらしいのですが、うまくいかず、やむなく人脈をたどって、まずハドソン女子少年院でソシオメトリーによる改善活動を行い、成果を上げて矯正施設でのソシオメトリーの有効性を示すこととなります。しかしモレノは、結局は臨床の人間であり、臨床現場を離れることはできませんでした。

彼は医師としての資格を認められると、早速ニューヨーク郊外の地ビーコンにサナトリウム（保養所）を建設します。そしてそこでサイコドラマを中心とした治療活動を行うとともに、また地域活動として毎週金曜日にはサイコドラマ劇場を一般に開放して、サイコドラマによる活動を行っていきました。また同時に彼は教育者として、多くの希望者をビーコンのサナトリウム（ビーコンハウスと呼ばれていた）に迎え入れて、サイコドラマチストとしての教育訓練を行っていきました。彼らはビーコンハウスに泊まりこみ、生活と学習とを一緒にするとともに、様々なドラマにおいて「補助自我」[*9]を演じたりして、モレノの助手としての役割も果たしていました。こうした人々の中には、アンナ・シュッツエンベルガー、グレーテ・ロイツ、フェリクス・ケラーマン、マックス・クレイトン、リネット・クレイトン、モニカ・ツレッティ、マーシャ・カープ、アダム・ブラットナーなどといった、現在世界のサイコドラマを指導している人々も含まれています。また、第二次大戦後になってからモレノはヨーロッパ大陸に戻る機会が増えました。

これは後年彼が結婚した女性、現在われわれがモレノ夫人（Mrs. Moreno）として知るザーカ・トマス（Zerka Thomas）がオランダ出身であることも関係しているかもしれません。一九五〇年代から彼はパリ、ロンドンその他に渡ってはサイコドラマを紹介して回る機会が多くなりました。

### （5）第一回世界集団精神療法委員会

一九五七年には第一回世界集団精神療法委員会をパリで開催し、一九六二年にはイギリスの集団分析技法

＊9　サイコドラマの相手役のこと。

の創始者フークスと手を組んで、国際集団精神療法学会（ＩＡＧＰ：International Association of Group Psychotherapy and Group Process）を創設しています。その後も彼はサイコドラマの実践と教育そして理論化に努めますが、同じころから実際の臨床活動は徐々に制限されていったようです。

### （6）モレノの死

モレノが息をひきとったのは一九七四年であり、享年八十五歳でした。一般的に多くのこうした特殊な療法はカリスマの死によって衰退するものですが、彼の死にもかかわらず、この方法はその後も世界各地で発展し広がり続けます。それはサイコドラマという技法が一般性を持っている、あるいは別の言い方をすれば人間の心のありようの真実の（少なくとも）一部を説明する科学的手段であることを示しているように思われます。

## 4．サイコドラマの11の効用

サイコドラマの効用について論じることはなかなか難しいです。しかし増野肇（一九七七、一九九〇）、茨木博子（一九九四）、増野ら（一九八六）が論じている文献があります。さらに、これをアクション・メソッズ一般に広げ、ロール・プレイングの効用なども含めると、限りがないといえるくらいです。これらの効用についての記載は、サイコドラマそれ自体の効用と、サイコドラマを含む集団精神療法一般の効用とが区別されることなく論じられています（モレノ自身もこの点は同様）。しかし、ここでは両者を別個にして論じる必要があります。なぜなら集団精神療法一般に通じる効用のほかに、サイコドラマ独特の効用があるからです。その点を踏まえて、モレノ自身がアクション・メソッズの五本柱の一つとして、サイコドラマと集団精神療法とを別個に記載したと考えてよいでしょう。

まず、集団精神療法一般としての効用について論じます。最も有名なところでは、I・ヤーロムの研究（Yalom 1970）が挙げられるでしょう。

ヤーロムは米国国立精神保健研究所（NIMH）の研究において、集団精神療法を受けた患者からの聞き取り調査をまとめ、集団として患者が認知しえた十一の項目を挙げています。これらは現在最も信用できるものとして広く受け入れられています。

それらは以下の通りです（項目の順序はヤーロム〈1970〉に準拠した）。

（a）希望をもたらすこと
（b）普遍性
（c）情報の伝達
（d）愛他主義
（e）社会適応技術の発達
（f）模倣行動
（g）カタルシス
（h）初期家族関係の修正的繰り返し

（i）　実存的因子
（j）　グループの凝集性
（k）　対人学習

またその個々の内容について解説を以下に加えます。

（a）　**希望をもたらすこと**

臨床において最も危機的なことは、患者および家族が将来に対して絶望してしまうことです。キルケゴールは一八四九年、『死に至る病』において、絶望は死に至る病であることを喝破しました。患者や家族は病気のために将来に希望を失うことにより、肉体的には生命が維持されていても、精神的には死亡してしまうことにもなります。したがってこの項目は何よりも重視されなくてはなりません。

（b）　**普遍性**

ここでいう普遍性とは、自分一人ではないという感覚のことです。集団精神療法において、特に神経症者のグループでは、自分の病気が自分一人のものであると思い込み、孤独感に苛まれていることが多いのです。特に対人恐怖症者や、赤面恐怖症患者ではこうした傾向が強く、人前で赤くなるのは自分一人であって、ほかの社会人はそうしたことがないと思い込むことが多いとされています。そうした人々にとっては、同じような症状で悩む人々が多数いることを知ることは、大いなる安心感を与えてくれます。

（c）　**情報の伝達**

情報の伝達とは、文字通り情報の共有が起こることです。筆者が関わっている横浜の精神疾患患者の家族会「メンタルヘルスを考える会」（MKK）においては、しばしば、例会において、患者の家族から、患者の病状と対応方法についての質問が出て、それに先輩会員が、自分たちはどのような対応をしたかを説明することが見られます。このような形で情報が口コミで広げられることは、情報の共有行為として望ましいことです。しかし、その他にも医師や病院の評判といった情報も「口コミ」で流れることには注意しなくてはなりません。

**（d）愛他主義**

愛他主義という言葉はあまり聞きなれない言葉です。しかしこれは「医は仁術」というかつてよく言われた表現を想起すれば、分かりやすいものとなるのではないでしょうか。ここでは医師という職業にそれが求められていますが、本来は医師だけではなく、あらゆる人間にとって本質的な性質（心理特性）として考えられるのではないでしょうか。

そのことは『論語』において孔子がすでに社会的構成原理の根源をなすものとして、「仁」の名の下に称揚しているところです。確かにK・ローレンツの研究（ローレンツ 一九七〇）に認められるように、攻撃的行動は動物においても発揮されますが、人間においてより発揮されやすいといえます。しかしながら、そうした残忍な行動の背後において、愛他的な行動が単に社会的に望ましいとして称揚されるばかりではなく、実際にもそうした行動が遺伝子レベルでも望ましいと選択されていることは、愛他的遺伝子の研究によって明らかにされてきています。こうした愛他主義は集団の治療において最も望ましい要因として働きます。しかも治療を受ける人々にとっては、この愛他主義の発揮は、単に望ましい行動規範であるばかりではなく、他者の賞賛を勝ち得ることのできる行動として、集団に参加する個人の自己価値を高めてくれる要因ともなるのです。

（e）　社会適応技術の発達

集団に参加することはまた、社会的適応の技術の向上にも役立ちます。このことは集団競技、特に集団での球技系種目に参加している人間にとっては常識のことです。例えばサッカーにおいて、あらゆる人間がゴールに殺到したら、逆にゴールは決められません。地道にパスを回し、前線にそれを送る人間がいてこそ、初めてゴールへと結び付けることができます。

集団内においても様々な集団内の役割があり、それをこなすことによって、集団は初めて集団としての目的を達しえます。集団において個人は集団内における役割分担の重要性を学び、他者と協調することの重要性を学ぶのです。

（f）　模倣行動

これは別名をモデリングともいいます。集団内において望ましいとされる他者の行動を見て、それを模倣することによって、われわれは望ましい行動を身につけることができます。このことはよく知られています。例えば実際に青年会や、青年団といった地域の団体において、地域の祭りを継承していくときなどは、他者の行動を意味も分からずに模倣することが求められます。またこれは特にアフリカにおいては秘密結社としてその特性を発揮しています。周知のように秘密結社においては定められた行動様式（特にダンスの踊り方など）があって、それを忠実に模倣することが求められるからです。

（g）　カタルシス

カタルシスとは、個人の心理的なストレスが、それを表現する行動によって解放され、低下することをいいます。極度の緊張から解放された（例えば飛行機が胴体着陸をした場合を考えてみれば分かるが）ときの笑い、涙、爆発的歓喜などはこうしたストレスからの解放の表現です。サイコドラマはしばしばこうした爆発的なカタルシスの表現をもたらしますが、集団においては他者の存在があるために、そうしたものがいま少し抑制された形で表現されることがしばしば見られます。また集団においては様々な個人的な問題の表出（通常、自己開示と呼ばれる）が行われて、そのことも一種のカタルシスをもたらすことにも注意を払いたいと思います。こうした自己開示のカタルシス効果については、すでにフロイトがO・アンナの症例（Breuer & Freud 1895）においてアンナの命名した「煙突掃除療法」の名前の下に記載を行っているところであり、古典的な知識といってよいものです。

**（h）初期家族関係の修正的繰り返し**

これは修正感情体験とも呼ばれているものであり、さらにそれらを含めてより広い体験としてあると説明されます。具体的には主役はグループ（集団）の中で、過去の家族関係を再体験するのですが、そのときに過去の対応とは違った別人からの反応を得ることにより、癒やされることを体験できます。具体的にはかつて家族から拒否されてきた人物が、家族との場面を演じるときに、彼は事実の再演とともに、今ここで新しく家族関係を再演し、新しく演じなおすことができるからです。

**（i）実存的因子**

この実存的な因子は、集団の治療過程においてはモレノがその重要性について指摘するところです。集団内においては、人はかつての対象関係の反復強迫である転移感情にとらわれるのみならず、新たな状況として人と関わっている事実にも目を開かせられます。それは精神分析においては解釈による転移感情からの解放であり、集団においては自発性の発揮によるカタルシスと、その結果としての新しい役割の獲得という形を取ります。このとき人は古い人生の再現を選ぶか、新しい（同時に不安な）未来を選ぶかの決断を迫られることになります。これがヤーロムのいう実存的因子です。

### （j）グループ（集団）の凝集性

グループの凝集性の重要性については、つとにモレノ自身が指摘したところです。グループの凝集性があると、参加者はそこに安心感と帰属感とを見出すことができるからです。

### （k）対人学習

最後に対人学習の側面も忘れることはできません。これもよく知られているように、われわれは社会的に適切な行動については、他者との交流の中で学習します。これが、幼児期における初等教育としての集団教育（保育園や幼稚園のように）が必要とされる根拠です。

以上、ヤーロムらの提唱になる十一の治療的因子（1970）について詳述しました。これらの集団の治療的効果は、ヤーロムらの指摘するように、言語的集団の治療のみならず、サイコドラマにおいてももちろん認められるものです。

しかし、サイコドラマに特有の効用を付け加えると、以下の三つが挙げられるでしょう。

- 表現としての側面
- 具体性の側面
- ドラマとしてのエンターテインメント性の側面

何よりもサイコドラマは、その名が示す通りドラマの一種であり、その結果として、表現手段として用いられることが多くあります。松村康平は自身幼稚園教育にサイコドラマを導入して、子供の自発的行動を援助する教育の実践を行いました（松村 一九六一）。それは子供にとって表現のための教育ともなりました。

次に具体性が挙げられますが、ドラマで用いるソーシャル・アトムやソシオメトリーといった技法は、単に表現の補助手段であるばかりではなく、それらを見ることによって、関係性が具体的に見えてきます。それは、千言を費やすより有効であり、百聞は一見に如かずといわれる所以でもあります。

最後にそのエンターテインメントとしての側面も付け加えておかねばなりません。というのも、古代ギリシャ時代以来、演劇的手法は神の領域に属するとされてきたからであり、それは人々にカタルシスをもたらすことによって、神と人とをつなぐ重要な役目を負っていたのです。

## 5．サイコドラマの適用分野

最後に、実際にサイコドラマが適用されるフィールドにはどのようなものが挙げられるでしょうか。

基本的にはサイコドラマは対人関係場面であれば、どのような分野にでも応用が可能です。その成立の歴史的な経緯から、臨床分野での適用が当初は多くなされ、その後各方面に発展してきています。具体的には、以下の分野が挙げられます。

★臨床分野

- 病院入院患者（急性期、慢性期）
- 外来通院患者

・病院デイケアでの適用（特に最近はうつ病リワーク・プログラムに取り入れられている）
・思春期・青年期患者のデイケア
・児童のプレイセラピーへの導入
・保健所などの地域保健活動

★教育・矯正分野
・幼児教育、初等教育への応用（松村 一九六一／田中 一九六四、一九六七、一九七〇）
・一般学生への集団体験訓練のために
・看護者・作業療法士（ＯＴ）・精神保健福祉士（ＰＳＷ）・臨床心理士（ＣＰ）などの医療従事者教育
・社会教育への応用（就職支援活動、地域教育、企業内研修など）
・少年院や刑務所での教育への応用（佐伯 一九八二）
・演劇人や芸術家の訓練のために

★その他の領域
・体験グループによる体験
・自己理解の進展のためのグループ

以上のように、サイコドラマの技法は広く応用され、当初の臨床的な試みばかりではなく、現在ではより広範囲で用いられるようになってきています。そこで次章では、サイコドラマ実践にあたっての理論的な背景とその具体的な進め方について、より実践に即して話を進めていきたいと思います。

# 第2章 サイコドラマの基礎

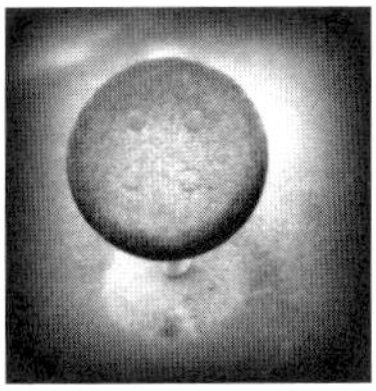

ここではサイコドラマの基本となる知識についての説明を行います。もちろんサイコドラマを行ううえで、次のような知識が絶対的な必要条件となるものではありません。しかしこれらを身に付けていることは良いサイコドラマチストとなるための十分条件となるでしょう。したがって、もし読者に以下に書かれた領域のうちまだ不十分な領域があるなら、その点は今後の研鑽によって補っていくことが望ましいでしょう（なお、以下の内容は、筆者の所属するＡＡＮＺＰＡ[＊1]〈オーストラリア・ニュージーランド・サイコドラマ協会〉の「トレーニング・マニュアル二〇〇四年度版」〈ANZPA 2004〉を参考にしている）。

まず、第一にサイコドラマを行い、それを指揮、統括するうえで、監督《ディレクター》の存在が必要不可欠となります。そこで、監督《ディレクター》の役割（ロール）について考えていくことから始めていきたいと思います。

## 1．監督《ディレクター》として必要とされる素養

監督《ディレクター》に必要なものとしては、①プロデューサー（製作者）、②研究者（リサーチャー）、③集団治療家、④アーティスト、これら四点の素養が求められます。これは監督《ディレクター》が様々な「役割《ロール》」をサイコドラマ実践のうえで果たさねばならないことから生じる当然の結果です。

具体的にいえば、監督《ディレクター》は、まず第一にドラマのプロデューサーでなければなりません。臨床家であり、

図2–1　AANZPA（旧 ANZPA）会議での会話

図2–2　AANZPA（旧 ANZPA）への入場行進

＊1　オーストラリア・ニュージーランド・サイコドラマ協会。一九八〇年にマックス・クレイトン博士により創設されたサイコドラマチストの職能団体。ニュージーランド側がマオリ文化への尊敬の念からアオテアロア＝ニュージーランドと名称変更したのに伴い、ANZPAからAANZPAとなっている。

科学的評価者であり、実験家であり、さらには集団精神療法家でもなくてはなりません。

また、その他にも多くのことをこなすことが必要とされます。サイコドラマにおいて重視される概念として、「機能」(function)が挙げられます。監督《ディレクター》とは様々な瞬間において、様々な機能を一身に具現する存在であるといっても過言ではないのです。

そこでここでは、サイコドラマにおいて監督《ディレクター》が果たす主要な機能に絞りながら、監督《ディレクター》として求められる四つの素養を解説していくことにします。

## (1) プロデューサー(製作者)としての自覚を持つこと

サイコドラマにおいては、参加者を募って集団を作り、集団を運営して目的を達成するのは、まず第一に監督《ディレクター》の責任です。したがって監督《ディレクター》は、基本的に集団内で起きるあらゆる事象に責任を負わなくてはなりません。

具体的にいえば、参加者の安全と安心感は保障されなくてはなりません。安心感のないところではグループはできないし、当然その結果としてサイコドラマは行えません。サイコドラマはごく特殊な例外は別として、原則的には「集団」を対象とするからです。

なおここでは一般に社会学で使用される「集団」の定義ではなく、集団精神療法の独自の定義を用いています。それはグループのリーダー以外の参加者が集団を構成しているということを意味します。社会学では通常、個人ではない二人以上の人間の集合を集団と呼びます。集団精神療法家は三人以上で構成されるものが集団であると、若干の定義を加えて考えています。

次に、プロデューサーであるということは、当然ながら経済的な配慮もしなくてはならないということです。また対象とする集団次第では、招聘するスタッフや採用する技法にも配慮が必要となります。例えば、肩から背中のマッサージをお互いに行う技法（相互マッサージと呼ぶ）は、グループメンバーにとっては容易にお互いが近づくことのできる優れた方法です。

しかし、性的外傷体験の被害者や深刻な虐待の被害者が対象の場合には、逆にその技法が不安を呼び起こすこともあります。こうした点での配慮の必要性は、同質な集団を対象とする場合よりも、異質な集団を対象とする場合に特に顕著なものとなります。

このような同質の集団、異質の集団ということが、文化の違いとなり、はっきりと表れることがあります。かつて筆者自身も、ウォーミングアップ[*2]として、（まず、体ほぐしのために）ラジオ体操をしようとしたところ、外国人参加者たちから「分からない、やったことがない」と不満を洩らされたことがあります（ラジオ体操はＮＨＫ〈日本放送協会〉が開発した日本独自の体操であることを失念していた）。

## （2）研究者《リサーチャー》としての自覚を持つこと

サイコドラマの監督《ディレクター》は、優秀な研究者《リサーチャー》でなくてはなりません。モレノはウィーンの学生時代、社会運動に打ち込んでいました（フォックス 二〇〇〇）。特に、娼婦の互助会の立ち上げに尽力したほか、学生であった第一次大戦中は、イタリア系収容者の集団の研究を収容所で行いました。これが後のソシオメトリーの基礎を作り上げたものだといわれています。

このソシオメトリーの方法は、医学者のみならず、社会学者、社会心理学者によっても研究、検討され、

＊2　集団のはじめにはまず様々なエクササイズを行い、集団への安心感と帰属意識を高めるようにする。こうしたプロセスがウォーミングアップと呼ばれる。第4章で正確な定義を行う。

一時は大きな影響力を持ったことも忘れてはならないでしょう。すなわち、サイコドラマの基礎には実証科学的な精神とその成果が控えているのです。したがってサイコドラマにおいては、実証科学の精神が何よりも重視されます。すなわち特定のイデオロギーや特定の政治的立場、特定の信念によってサイコドラマを作り上げてはならないのです。

こうした考え方が如実に示されているのがシステム理論の導入です（42頁「3．理論的な基礎（1）システム論的役割理論」を参照）。近年も、サイコドラマとシステム理論とを結合させる試みが行われていますが（オーストラリアのマックス・クレイトンの研究〈Clayton, M. 1994〉がその好例）、これは客観的にメンバーの関係を記載しようとするときにはどうしても必要となります。そして客観的な記載は、真実を知るために必要不可欠な手続きです。

### （3） 集団治療家としての自覚を持つこと

サイコドラマは何よりも、集団による集団のための治療手段の一つです。モレノはサイコドラマを開始したとき、それを通じての社会変革と社会的な治療とを目指していました。その一つの現れが次に紹介する、有名な「王様の夜」のエピソードでした。

モレノは劇場の中央に玉座を用意し、誰かが退位した皇帝に代わって国家を統治するように、と招いたのです。もちろんこの野心的試みは失敗しますが、彼には元来、集団を通じて集団の成員を治療していこうとする姿勢があったし、後にアメリカに渡り、ニューヨーク郊外のビーコンに移り住んでからも、毎週金曜日には病院のサイコドラマ劇場を地域の一般の民衆に開放し、そこで社会的な〝治療〟を行っていたのです。

このほかに、集団治療家にはどんなことが求められるのでしょうか。モレノは集団治療家としての条件として、「この方法を信じなくてはならないし、集団治療によってメンバーに改善がもたらされるということを信じていなくてはならない」（フォックス 二〇〇〇）と述べています。すなわち、サイコドラマの有効性と効果に対して揺るぎない信念がなくてはならない、ということをモレノは訴えています。

また、治療者であることから、治療的な視点、「あえて他人を傷つけない」というヒポクラテスの誓いは、治療家としての最低限の必要条件となるでしょう。しかも集団であるという条件下で治療を行い、どの参加者をも傷つけないという配慮が必要となります。その他、具体的な個々の条件についての詳細は、集団治療者たちの職能団体である日本集団精神療法学会の倫理綱領（二〇〇三）や、特にサイコドラマについては、日本心理劇学会にも同じく倫理綱領が存在するので、それらを参考にしましょう。

ただし、ここで一点、注意しなくてはならないのは、集団セッション後の付き合いです。もちろん患者と個人的な関係を結ぶことはいうまでもなく禁忌ですが、サイコドラマにおいては一般的な集団治療の場合とは異なり、集団中や集団後に参加者と一緒に食事をするといったことがしばしば行われます。集団治療の中でも規制がゆるい点があるということを頭に入れておかなくてはなりません。

### （4）アーティストとしての側面を意識すること

サイコドラマはドラマ（演劇）という名前に示されるように、一般的な演劇とは大きく異なってはいるものの、演劇を基盤とした技法であることに変わりはありません。その影響は例えば、主役、監督《ディレクター》、舞台といった演劇用語が頻出することや、即興劇として参加者自身が治療に積極的に参加するという特異性はあるものの、やはり人々の前で演じるということに重点が置かれる点などにその面影を残しているといえます。

したがってサイコドラマは基本的にはアート（芸術）なのです。サイコドラマの監督《ディレクター》はアーティストとしての側面を発揮できなくてはなりません。

実際、欧米のサイコドラマチストの中には、元シェイクスピア劇の役者であったり、TV俳優をしていたりという過去を持っている人々も多く、なかにはイギリスの故ケン・スプレイグ（Ken Sprague）のように現役の画家として活躍していた人物もいるほどです。とはいえ、アーティストとしての側面が必要であるからといって、芸術的才能を持たない個人はどうしたらよいのでしょうか。この点で、良い芸術作品に触れていくことが、アーティストとしての側面を涵養してくれることに注目すべきです。良い音楽、良い絵画、良い彫刻、特に良い演劇といった芸術作品に触れる機会が多いほど、われわれの芸術的感覚は研ぎ澄まされていきます。それがサイコドラマを演出する場合に大いに助けとなると考えられます。

## 2. 基礎訓練

次に、サイコドラマチストとなるために必要とされる基礎訓練と基礎知識とを挙げておきます。ただし、これらの中には必ずしも必要条件ではないものも含まれます。またここに記した基礎訓練はあくまでも筆者自身が必要としたものであって、必ずしも絶対的なものではありません。むしろ相対化して捉えられるべきであろうことを、あらかじめお断りしておきます。訓練は、大きく五つに分けられます。

（1）臨床家としての訓練、なかでもカウンセリングについての十分な体験と知識
（2）演劇についての訓練

（3）集団療法の訓練
（4）精神分析ないし力動的精神医学の訓練
（5）その他の心理的治療の手段に対する最低限の知識と訓練

この五つについて詳しく見ていきます。

**（1）臨床家としての訓練、なかでもカウンセリングについての十分な体験と知識**

サイコドラマは何よりも治療のための技法であり、サイコドラマチストは臨床家でなくてはなりません。もちろん近年サイコドラマが様々な分野、特に教育領域において広く用いられていることはつとに知られているし、それはサイコドラマの技法的有用性を示しているといえます。しかしそれはサイコドラマがまず治療技法として開発され、ビーコンハウスにおいて病院の臨床現場で実践されてきたという事実を否定するものではありません。最近は教育臨床という表現が示すように、教育においても臨床的視点を欠かすことができないことが理解されてきています。

むしろ、モレノのスタンスには、臨床と非臨床とを区別しないところがあったといえるでしょう。モレノは究極的な治療の目標を個人の健康の回復にではなく、社会全体の変革に置いていたからです。彼はそうした手段を、社会（ソサィエティ）と精神医療（サイカィアトリー）との合成語としてソサイアトリー（sociatry）と名づけ、サイコドラマ自体を彼のソサイアトリーのための最も有力な手段として位置づけました。したがって、その本来の姿からしてサイコドラマは臨床的であるとともに、非臨床的でもあるといえます。つまり個人や集団のよりよい成長を目指すサイコドラマと、個人ないし集団の病理を癒やすサイコドラマとは、まったく同じ次元のものとして捉えられるのです。ただし、実際にわれわれは多くの病的な参加者をサイコドラマのセッションにおいて迎えるのですから、この点からも臨床的な知識は欠くことができません。

これに加えて、特に集団を運営するうえでカウンセラーとしての訓練が欠かせないのは、「自我境界の確保の原則」と「傾聴」の姿勢です。そして全メンバーに対する思いやりの心は、何よりもサイコドラマにおいて欠かすことができないものです。

特に、ここで筆者が訓練を受けたＡＡＮＺＰＡにおいて、訓練の初歩から言われる原則を挙げておきます。それは個人カウンセリングとまったく同じ原則であって、"No judgment !"（「裁くなかれ」）というものでした。カウンセリングにおける傾聴においては、是非善悪についての価値判断は下さず、クライエントの語る内容に真摯に耳を傾けることが求められます。これは個人の尊重の原則であり、同様のことがサイコドラマチストにも求められるのです。これは同時に、科学的な研究者《リサーチャー》としての態度でもあるということができるでしょう。それはかつてマックス・ウェーバー（Max Weber）が唱えた「価値自由」の原則（Weber 1904）にも従うものであることがいえるでしょう。

こうしたカウンセリングの知識と体験は、実際に主役にインタビューを行うときに欠かすことのできないものとなります。実際に心理学系サイコドラマの監督《ディレクター》は、主役とのインタビューが上手で、聞き出すべきポイントを踏まえてインタビューを行う技術に優れています。ただし経験的には、逆に主役（個人カウンセリングでいえばクライエント）の主張に耳を傾けるあまりに、会話に熱中してしまい、シーン（場面）を作成することを失念しがちであるという欠点を備えているのも事実です。

## (2) 演劇についての訓練

サイコドラマの監督《ディレクター》は、演劇的手法について、その成り立ちを十分に知っている必要があるほかに、自分自身がサイコドラマで、特に表現するという訓練を十分に行っていなければなりません。なぜなら、監督《ディレクター》自身が表現するという感覚を自由自在なものにしていなければ、主役の自由な振る舞いを許容し、さらに促進することなど、できないというのが実情であるからです。そのためには、自らの表現能力に限界を設定すべきではないし、その限界を常に拡大するよう努める必要があるでしょう。どれほど知的で優れていようと、その人物が泳げない限り、他人に泳ぎを教えることができないことはいうまでもありません。このためには演劇について学び、あるいは初歩の訓練を受け、少なくとも演劇公演に積極的に参加して演劇的な感性を養う必要があります。

ただしこうして書いてみると、むしろ演劇関係者のほうが臨床家よりもサイコドラマの監督《ディレクター》として向いているのではないか、ということになりかねません。しかしながら、これは必ずしもそうとはいえません。第1章で述べたモレノの考えがそうであったように、一般にサイコドラマの監督《ディレクター》の仕事が、演劇の演出家の仕事とは根本的に異なるのは、真実の扱いにおいてです。サイコドラマにおいては真実を探求することが目的となるのですが、演劇においては真実らしく見せること、真実として表現することに重きが置かれます。これは泣く場面を考えれば分かるでしょう。

サイコドラマでは主役が泣いているときは、実際に泣くために口説は当然途切れ途切れとなって聞き取れません。したがってサイコドラマの監督《ディレクター》は、泣き声はそのままに主役の言うことをリピートして観客に伝えます。しかし演劇の世界では、これでは芝居が成り立たないことになります。というのも、観客の理解のためには、口説ははっきりさせる必要があるからです。もちろん前衛演劇の中にはこうした配慮はあまりしない場合もあります。しかしながら、その場合でもあくまでそれは演技にとどまるものであって、真実ではないのです。

### (3) 集団療法の訓練

サイコドラマの監督《ディレクター》はサイコドラマが集団療法であることから、集団療法の訓練を受けていることが必然的に求められます。集団の力動について体験的に理解をしていない場合、集団において起きてくる様々な反応——それらには集団にとって役に立つ反応の場合もあれば、集団を破壊するような反応が起こる場合もあるのですが——に対して適切に対処することはできません。集団力動の考え方においては、ウィルフレッド・ルプレヒト・ビオン(Bion 1961)の集団に対する見方が最も役に立ちます。

ビオンによれば集団は、理性的で目的志向的な作業集団(WG)と非合理的で感情に流される病理的な基底的想定集団(BaG)との間を常に揺れ動きます。この状況が集団の力動であり、集団における現象はこうした揺れ動きの中で起こってきます。集団治療者の第一の目的は、基底的想定の状態にある集団に働きかけることによって作業集団へ移行させることにあるとします。また同様に彼の容器‐内容のモデルも役に立ちます。集団参加者は集団という容器に自己の内的な世界の真実を排出します。その排出によって作業集団であった集団は、基底的想定集団へと変化します。この吐き出された内容を、集団という容器に備わっているα機能を用いて、真実を言語レベルに持ち出し、すなわち言語表現へと移行させ、そのことによって真実を避けて逃げることから、真実を受け入れることへ集団と個々のメンバーとを改変していくことが監督《ディレクター》の機能であるということになります。これが、筆者が主張する対象関係論的なサイコドラマの基本原理です。

またアーヴィン・ヤーロム（Yalom 1995）の集団の効果に関する研究も役に立ちます。特に彼の愛他性の概念は、集団の治療的な意味合いを理解するために最も重要なものです。

### （4）精神分析ないし力動的精神医学の訓練

先の（3）のビオンの見方からも分かるように、サイコドラマは、精神分析についての初歩的な訓練を必須とすると少なくとも筆者は考えています。もちろんサイコドラマは必ずしも精神分析と関わらなければできないというものでもないでしょう。周知のように、モレノは精神分析に対する厳しい批判者であり、モレノと精神分析とは相反するという理解があるようです。

実際、自伝によれば、一九一八年にフロイトの「夢の講義」を受講した後で、フロイトに対し「あなたは夢を分析しますが、私は人々に再び夢を見るようにさせます」と述べたエピソードは有名であり、学会でも折に触れて精神分析の「人工性」について批判を繰り返しました。

しかしこれは精神分析に対する批判ではあるものの、実際には精神分析の訓練がサイコドラマチストとしての訓練にとって大きなメリットを有することを、彼は理解していました。モレノに直接学んだ現存の数少ない一人であり、筆者の「学会推薦者」[*3]を務めてくれたオーストラリアのマックス・クレイトン[*4]（図2-3）は筆者に、自分がビーコンのモレノの下に留学したときに、モレノに紹介されてニューヨ

図2-3　クレイトン氏

＊3　Primary Trainer. ＡＡＮＺＰＡにおいて訓練を受けるときには監督有資格者からPrimary Trainerを選ばなければトレーニングが受けられない。Primary Trainerは訓練課程への進学の推薦者であり、トレイニーの訓練計画を立て、トレイニーが十分な訓練を修了できるようアレンジする責任者である。

ークの精神分析研究所に「教育分析」を受けに通ったことを思い出として語りました。

クレイトンによれば、既にカウンセリングの訓練を修了しているということで、精神分析訓練の意義について疑問を呈したクレイトンに、モレノは精神分析の訓練を受けることが治療者としての第一歩となるということを説明したといいます。このように精神分析の専門家となる必要はありませんが、「転移」「逆転移」「反復強迫」「解釈」といった日常の臨床で使ったり考えたりしなければならない重要な概念は、ほとんどが精神分析と関わっており、いやしくも精神療法（心理治療）を目指すのであれば、それに対する知識は必要不可欠であることが、精神分析訓練によってよく分かるのです。

## （5）その他の心理的治療の手段に対する最低限の知識と訓練（具体的には行動療法や催眠療法など）

同じくクレイトンは筆者に、「サイコドラマはどのような立場とも共存ができる稀有な治療法であり、そうした柔軟性を持った方法論である」と述べ、例えばユング派の考えでサイコドラマを行うこともできるし、あるいは認知行動療法とも結び付けられるという非常に幅の広い方法論であると指摘しました。

具体的には前述したように、ユング派という立場からサイコドラマを実践している人もいれば、大森洋亮[*5]のように、交流分析とサイコドラマを結び付けて実践している人物もいますし、深山富男[*6]は同じく「ゲシュタルト・サイコドラマ」と称してゲシュタルト療法とサイコドラマとを結び付けようとしていました。このほかに国内・国外では認知行動療法とサイコドラマとを結び付けようという試みも実際になされています。このようにサイコドラマはその構造上、どのような理論的フレームワークとも結び付けることができるという特性を有します。ある意味でこれは、理論的体系性を欠くという弱点があることをも示します。しかし、その結果として様々な理論的立場にも組み合わせて応用ができるとされています。

したがってこうした特性を知る限り、サイコドラマを単独で習得するよりは、ほかの方法論も併せて学び、その体系でサイコドラマの欠点を補っていくという方法もありえます。そう考えた場合、これらの技法の長所・短所を学ぶ意味からも、これらについて訓練を受けることは必要不可欠です。特にゲシュタルト療法や交流分析のように、サイコドラマとの密接な交流があった技法や、最近ではドラマセラピーやプレイバック・シアターといった、新しいサイコドラマからの発展技法の訓練のために研修会（ワークショップ）に参加することは、大きな意義があり、サイコドラマチストとしての幅を広げてくれるでしょう。また別の言い方をすれば、こうしたワークショップに参加してサイコドラマの良さ、サイコドラマの魅力にはまる人間こそが、サイコドラマチストたりうるのです。

## 3. 理論的な基礎

サイコドラマの理論的な基礎としては様々なものが挙げられます。そのなかには、ほかの治療法やほかの領域との関連が深いものもあれば、ほかの領域から独立して形成されてきた独自の分野もあります。ここで

＊4（前々頁） Clayton, M.: 1935~2013. 神学博士、オーストラリアにおけるサイコドラマの先駆者、AANZPAの創設者。一九六〇年代アメリカへ留学。J・L・モレノのもとでサイコドラマを学ぶ。一九七一年帰国、西オーストラリア、パースでサイコドラマ研究所を創設、一九七五年パースにウォルスリーセンターを設立。一九八〇年、現在のAANZPAの前身になるANZPAを設立して後進の指導にあたると共に、一九八八年からは何回も来日を繰り返した。

＊5 大森洋亮。臨床心理士。福島県の針生ヶ丘病院に勤務。

＊6 深山富男。元愛知学院大学教授、臨床心理士、ゲシュタルト療法家。

はまず独自の領域から始めて一般的な理論、特に力動的心理学理論との関連を最後に述べることとします。

## (1) システム論的役割理論

役割《ロール》概念はドラマ（演劇）にその淵源を置いており、したがってモレノのサイコドラマにおいては基本的な概念となっています。なかでも筆者が学んだAANZPAにおいては、クレイトンが導入した一般システム論と結合した役割理論が一般的となっています。役割《ロール》概念はモレノ自身の中でも発展してきたことを理解しなくてはなりません。

当初モレノは、役割《ロール》をマーガレット・ミード[*7]に倣い、「社会的に期待される行動の形態」として理解してきました。著書『サイコドラマ』の第一巻（二〇〇六年に翻訳が行われている）の冒頭の前書き部分において、彼は初版（1945）では、ミードのこの概念をそのままに採用し、われわれの役割行動のあり方について「役割取得」（ロール・テイキング）、「役割演技」（ロール・プレイング）、「役割創造」（ロール・クリエーション）という三つの段階[*8]で発展すると述べています。しかし彼は一九六二年の版においてはその内容を一新して、役割《ロール》を「個々の瞬間に個々の状況において他者との関係で示される人間の行動形態のすべて」と定義しなおしています。

ここには明らかに個人の選択肢のあり方としての「役割《ロール》」というよりは、他者との対人関係において個人が示す行動の総体であるという考え、すなわちシステムとしての人間のあり方が基盤になると考えられます。一般システム論においては個々のシステムはさらに下位のシステムの集合からなり、そのシステムが集合することで上位のシステムが構成されるとされています。したがって、個人は社会システムの一員であるとともに、個人自身が内的なシステムから構成されます。このシステムを構成する要素の一つが役割《ロール》であることになります。つまり役割《ロール》とは、対人関係において現れるシステムの要素の総称であることになります。

役割《ロール》システムはその存在する次元によって、社会的役割システムとサイコドラマ的役割システムと心理的身体的役割システムとに大別されます。ただし一度に表現される役割《ロール》は一種類しかないという特性を持つので、どの次元の役割《ロール》が個々の瞬間に表現されるかを理解することが監督《ディレクター》には必要です。

【エクササイズ1】
①ペアを作り、一方が立ち、他方は座る姿勢を取ります。
②立った側が座った側を見下ろすようにし、できれば腰に手を当てて胸を反らせます。
③逆に座った側は背を曲げて相手を見上げるようにします。
④姿勢によって自分の心のうちに起こる変化に気がついてみましょう。

役割《ロール》はまた、個人の生後すぐに存在してその精神発達とともに複雑、多様化します。この発展における個々の役割《ロール》の変容過程において出現する役割《ロール》は、一つの役割単位を形成します。これを「カルチュラル・ア

---

＊7　Mead, M.: 1901～1978. アメリカの文化人類学者。ジェンダー役割（性役割）の研究で著名。性別による行動の差を「社会的に期待される行動様式」として捉えることで、フェミニズム運動の理論的背景を作った。著書に『サモアの思春期』『マヌアの社会組織』など。

＊8　役割は、ミードによれば「他者から期待される行動様式」を意味している。その期待される行動をその通りに演じるときを「役割取得」とモレノは呼んだ。しかし役割行動は繰り返されると自分のものとなって、自分なりの工夫が加わり、その行動に喜びを感じるようになる。これが「役割演技」である。最後に役割にとらわれず、自由に行動してその範囲を外れないのが「役割創造」となる。

トム」と呼びます。したがってカルチュラル・アトムは、その発展過程が跡づけられる一群のロール・システムであるといってもよいのです。カルチュラル・アトムの発展を跡づけるとき、その発展が個人に果たす機能によって、大きく三つの部分に分けて記述することができると考えられています。それは当初から存在する領域であり、対象との関係は持つが交流を行うことができない幼児的ゲシュタルト（型の意味）と、対象との交流・交感によって形成される適応的ゲシュタルトと、そして自発性が高度に発揮された自分らしい役割《ロール》である個性的ゲシュタルトです。このゲシュタルトの変化とそこでのカルチュラル・アトムの変化があるということは、同時に、サイコドラマの目的がカルチュラル・アトムを発展させ個性的な役割《ロール》に持っていき、そうした役割《ロール》の数を増やしていくことにあることも示します。

【エクササイズ2】
①ペアを作り、一方が母親、他方が赤ちゃんとなります。赤ちゃんは乳児期で発語以前であると設定します。
②最初は赤ちゃん一人が床に寝ています。そこで赤ちゃん役は自分の感情や体験を体全体で表現します。
③そこに母親役が入ってきて働きかけをします。
④その後、組み合わせを逆にして、同じことを行います。
⑤その体験の終了後に、ペアでシェアリング（話し合い）します。[*9]

このエクササイズを通して、われわれは放っておかれる状態の子供の無力感、怒り、寒さなどを体験するとともに、母親の行動の意味や重要性、そして子供に対する母親側の感情（これは母親のカウンター・ロール[*10]であることに注意）をも体験することができます。

モレノに従えば、この子供は最も自発的であり、創造的ですが、同時にそれを受け止めるとき母親のreverie（夢想する力）が必要不可欠だ、ということになります。そして母親の夢想する力（カウンター・ロール）が子供に言葉という手段を獲得させるのです。それが適応的なゲシュタルトです。

しかし、この構図は早晩破綻に直面します。それは以下のような二つの状況です。

- 慣れ親しんだ状況が破壊される（大災害後のＰＴＳＤなどはこの結果）。
- 今までのやり方では行き詰まる。

ここで「発達しすぎている」役割《ロール》概念と、それと対を成す「未発達ないし存在していない」役割《ロール》概念について考察してみましょう。われわれは通常慣れ親しんだやり方で物事に対処しています。人に挨拶されたら挨拶を返すし、話しかけられたらきちんと返事を返します。

しかし時には、そのように身につけたやり方がひどく行動を制限してしまう場合があります。物事を確認しつつ進めることは本来望ましいあり方ですが、それが行き過ぎてしまい、何度も確かめの電話を相手に入れてしまうようになると、これは相手との関係を破壊することにもなりかねません。このように、その人にとって不必要なまでに確認してしまうような場合は、適応的な役割《ロール》が発達しすぎてしまい、その結果として

＊9　このエクササイズを行う場合、男女のペアについては、（もちろんほかの場合も同様ではあるが、特に）場合によりセクハラ行為ともなりかねないので、十分に慎重に取り扱う必要がある。

＊10　個人のロールに対し、対象の側に生じてくる行動の総体（53頁も参照）。

逆に桎梏《しっこく》となってしまっているのです。こうした役割《ロール》は通常「発達しすぎた役割《ロール》」です。例えば、うつ病の人々の認知のゆがみもその意味では発達しすぎた役割《ロール》ということになります。

これと対照的に「存在しない」役割《ロール》とは、その人の役割《ロール》のシステムに存在していないものです。例えば、うつ病は否定的自己認知という役割《ロール》が発達しすぎていますが、逆に自己に対する寛容という役割《ロール》は存在しないことになります。

以上に挙げた二つの役割《ロール》概念は、稀であったり、あるいは通常のやり方で対処できるので問題は起こらないように見えます。しかし、状況が変化すると、このやり方ではうまくいかなくなります。その最も著しい場合が大災害です。大災害に遭うと人はすべてを失い、自分の命の確保のために、ほかを顧みる余裕すら失ってしまうといわれます。

もちろん大災害が頻繁に起こるとは限りませんが、状況は早晩行き詰まりに直面します。こうした場合、われわれは慣れ親しんだやり方を放棄し、新しい、しかも適応的な（非適応的ではない）やり方を採用しなくてはなりません。これが自発性の発揮の問題となります（自発性の発揮問題については、56頁「（6）自発性＝創造性理論」において詳述）。

## （2）ソシオメトリー

ソシオメトリーはモレノ自身が最初に考案した重要な集団理解のための方法論であり、社会学への架け橋として一九五〇年代までは重要視されていた方法です。モレノはこの方法を学生時代に体験したイタリア系住民の強制収容所でのグループ作り体験から考案したといわれています。

ソシオメトリーは当初質問紙によって行われるものであり、集団内のメンバーに対する好感度と反発傾向とから集団内の構造を明らかにするとしたものでした。

ちなみにこの方法論を日本で初めて児童に応用して、小学校の生徒集団のグループとしての運営に役立てようとしたのが、田中熊次郎でした。田中の業績はモレノも認めるところとなりましたが、田中自身は小学校教育の権威となったものの、その後他者に発展させられることもなく、見捨てられ、省みられることもなくなったままです。

これに比してアメリカでは、ソシオメトリーは別個の発展を独自に遂げました。この過程で見落とすことができないのは、アン・ヘイル[*11]の業績です。ヘイルは、モレノの質問紙による方法論は、結果としては多元連立方程式を解くことになりその数学的処理に困難があることから、より力動的なソシオメトリーを独自開発しました。これが現在われわれが一般に用いる、「選択」に基礎を置いた力動的なソシオメトリーです。

力動的ソシオメトリーは「テレ」(tele)の概念[*12]に基づいています。このテレ概念もまた、モレノの著作においては理解しがたいとされるもので、モレノ自身が詩の形で、次のように表現しているほどです(Moreno 1962)。

---

＊11　Hale, A.: 1953～．ソシオメトリストでサイコドラマチストでもある。特にモレノによって開始されたソシオメトリーを発展させ、二〇〇五年にはＩＳＴＮ(International Sociometry Training Network)を創設して主催している。ドナ・リトルとの共著に *Sociometric Processing of Action Events* (2002)がある。
＊12　テレはギリシャ語の「遠い」を語源とする。われわれは言語によらず、直観で相手の本質を見抜いてしまうことが時にある。これをモレノはテレと呼んだ。テレは特に同じ背景(成育史のエピソードなど)を持つときに強く働くとされる。

二人の出会い
見詰め合う目と目
僕は僕の目を取って君の目に取り替え、君は君の目を取って僕の目と取り替える
そうして僕は君の目で君を見、
君は僕の目で僕を見る

しかし、これでは何が何だか分からないというのが正直なところでしょう。筆者が考えるモレノの真意は「テレは相手の本質を直感的に見抜くわれわれ自身の力である」というものです。ソシオメトリーはしばしば、サイコドラマにおいて補助自我を選択するときに働くとされます。

われわれは実際の対人接触においても、このテレ的現象にしたがって対人選択を行っています。会合などでたまたま話しかけられた相手と意気投合したりする場合、そこにはテレが働いて選択が行われていることが多いとされます。

**【エクササイズ】**
①グループを作り、そこで周りを見回してこれはと思った人物とペアを作ります。
②その後二人でお互いの背景、家族関係、考えてきたことなどをシェアしてみましょう。
③思った以上に共通する事項があることに驚かされるでしょう。

## (3) ソーシャル・アトム

ソーシャル・アトムは、モレノのサイコドラマにおける中心的概念です。モレノは、人間は個人として存在するのではなく、社会的関係性の交点として存在するものと考えました。そして、この概念をソーシャル・アトムと呼びました。ソーシャル・アトムとは、ある個人を中心として記載した、その個人が所有するあらゆる人間関係の総体を表した図であるということができます。われわれは様々な関係性をソーシャル・アトムの一部として持ち、それらを用いて行動しています。新しい出会いはソーシャル・アトムの拡大を示し、何らかの形での別れはソーシャル・アトムの縮小を示します。ソーシャル・アトムの縮小を拒否しようとして、空想的なソーシャル・アトムにしがみつく行為がストーカー行為となるのです。

このときに十分に留意すべきことは、われわれは相手となる個人のソーシャル・アトムのすべてを知っているわけではないし、またそれがどの程度われわれとの関係で表現されるかは、われわれと相手との関係性のあり方とその質（特に関係を結んでいる期間や関係性の深さ）によって影響されるわけではないということです。しばしば語られる「まさかあの人が」という言葉は、われわれがいかに相手との関係において、限られた範囲のソーシャル・アトムと次に説明するカルチュラル・アトムしか知らないでいながら、それをその個人のすべてと捉えてしまっていたかを告白するに等しいのです。

ところで、ソーシャル・アトムは具体的には、現在ある家族関係、仕事場の人間関係、友人関係、地域の人間関係等々の総体ともいえますが、この場合の重要な点は「現在ある」という一節であることに留意したいと思います。例えば亡くなった人、別れた人との人間関係などはどれほど大事であったとしても、それはソーシャル・アトムではなく、カルチュラル・アトムに属しています。

**【エクササイズ】**

自分の周りにあるソーシャル・アトムを表現します。具体的には、まず椅子を用いて、「今自分にとって大切と思う人数をｎ人思い浮かべてください。あなたの椅子をここ（中心に置く）に固定しますから、あなたの周囲にそのｎ人を椅子を並べて表現してもらいます。あなたにとって一番重要な人から椅子を置いていってください。方向、距離などはあなたが自分とその相手との距離とか方向性で感じているところで、自由に表現してください」と教示し、椅子を並べてもらいます。

この場合ｎの数は、グループのサイズによりますが、ほぼグループの総数の半分以下が望ましいです。

### （4）カルチュラル・アトム

カルチュラル・アトムの概念はソーシャル・アトムの拡張であり、同時にシステム論的な役割理論と密接に関係しています。ソーシャル・アトムにおいて形成される関係性は、先に役割理論の項で述べたように、成長するにしたがってより高度化し、個別化、複雑化していきます。こうした発展過程において形成される人間関係をカルチュラル・アトムと呼びます。したがってカルチュラル・アトムは個人がその発達過程において形成してきた人間関係の総体であるとともに、その人が形成してきた役割《ロール》の総体をも示します。

注意しておきたいことは、役割《ロール》はほかの役割《ロール》に変化し、発展はしても、一度形成された役割《ロール》は消え去ることはないということです。一見したところ、幼児的ゲシュタルトの役割《ロール》は、跡形もなく消え去るように見えます。しかし精神分析における転移現象（転移関係において退行した関係性を示すこと）を考えると、明らかに幼児的な対象関係は消えたのではなく、適応的ゲシュタルトにおける適応的な役割《ロール》によって隠され、表面に現れなくなっているに過ぎないことが分かります。

その意味では個人のカルチュラル・アトムを知ることは、個人の心的な発達史を追うことに他ならないとともに、その独自性が実は、個人と相手となる対象とのやり取りの様々な発達的変化を示すものともいえるのであり、その後づけこそが、個人の個性を示すものに他ならないといえるでしょう。

ここでわれわれは精神分析に倣い、個人の役割《ロール》に対し、対象の側に生じてくる行動の総体を「カウンター・ロール」と定義しましょう。この「カウンター・ロール」という概念は、従来主張されることのなかったものであり、筆者（磯田 一九九七）が初めてその論文で主張したものです。ここで大切なことは、役割《ロール》は必ずカウンター・ロールを伴うことであり、そうした相互関係が人間関係を形作るということであり、ドラマであれば主役の役割《ロール》が示すシステムに対して、カウンター・ロールの側にも発達的なロール・システムが形成されているという事実です。

そして重要なことは、役割《ロール》とカウンター・ロールとは相互関係のうちにあることから、われわれはカウンター・ロールを外部から監督《ディレクター》の指示という形で一定範囲内にコントロールすることにより、役割《ロール》の純粋な変化を生じやすくすることができるのです。

**【エクササイズ】**

①参加者から主役希望を募ります。

②主役に、親しい家族（特に母親が望ましい）との関係に起きた、小さいころのエピソードを思い出して

もらい再現します。
③その関係について「ロール・アナリシス」を行います。特に主役の役割《ロール》と補助自我のカウンター・ロールについての分析を行います。
④次に現在の関係性について再現をします。
⑤その関係性の中での、関係性の変化と役割《ロール》の変化との関係について、グループで検討を行います。

## (5) ロール・トレーニング

現在AANZPAではロール・プレイングという用語を用いず、ロール・トレーニングという用語としています。

これは、ロール・プレイとは「役割取得」「役割演技」「役割創造」と発達する役割《ロール》の変化の第二段階を示す言葉であり、こうした役割《ロール》を用いて認知や個人の行動への変容をきたす技法のすべては、むしろ役割《ロール》概念を用いた訓練であって、ロール・トレーニングと呼ばれるにふさわしいという考えからです。

ロール・トレーニングは、サイコドラマと同様に自発性＝創造性を発揮することで、役割《ロール》が変化することを目指すという場合もあります。

異なる点は、ロール・トレーニングは役割《ロール》を変化させることに特化していることであり、例えばそのためには認知行動療法を取り入れて、認知の変容を目指し、その結果として役割《ロール》の変容が起こっても、それを良しとするところにあります。

すなわち、必ずしも自発性＝創造性が発揮されなくとも、認知的な変化などにより役割《ロール》変容が起こるならばそれを良しとするのです。いわゆるロール・プレイとして広く行われているもの、例えばカウンセリングの訓練におけるロール・プレイなどはこうした目的を持っています。

そこでは、自分が相手の立場に立つことにより認知が変容することを目的とします。若干の自発性は発揮されるかもしれませんが、それよりは自己の認知が変わり、他者への対応を理解することで対応に変化が現れることが期待されます。

**【エクササイズ】**

①まず、誰か特定の相手との関係でつまずいている状況を想起してもらいます。

②誰かに思い当たる相手がいれば、その人を主役とします。

③主役に目的を明確化してもらい、どのような形に相手との関係性をもっていきたいかを確認します。

④目標を明確化することで、取り扱うべき役割《ロール》が明確になります。一般的には、今までの主役の適応的ゲシュタルトでは対応できない場合か、適応的ゲシュタルトの役割《ロール》と幼児的ゲシュタルトの役割《ロール》間の葛藤で困っている場合が多いです。

こうした場合、適応的ゲシュタルトに新たな役割《ロール》を見出すことを目的としますが、実際には個々のケースに応じて目的を設定します。

重要なことは、社会技能訓練（SST：Social Skills Training）[*13]にも通じますが、目標をなるべく明確に、詳細

＊13　リバーマン（Liberman, R. P.）によって開発された統合失調症の認知行動療法の一種。ロール・トレーニングを積極的に導入したことで知られている。

に、設定することです。

したがって、例えば「上司とうまくやっていきたい」といった目標設定ではなく、「上司に理不尽な理由で叱られても、反論できるようにしたい」といった形で設定をします。

具体的状況を再現して、その状況での心の動きをロール・クラスター[*14]として表現します。

その役割《ロール》の体系の中で、現在の困難を引き起こしている役割《ロール》の問題について明確にして、それを認知的に変更させてもよいし、解決方法を示唆してもよいです。あるいは、社会技能訓練のように、他者の示唆をもらってもよいです。

### (6) 自発性＝創造性理論

自発性の定義は、モレノの数ある概念の中でも難しいものとされています。自発性は英語では spontaneity であり、これはスポンテ（σπωντε）というギリシャ語に由来するとされます。

その原語の意味は、「自ら」とか「自分で」とか「思い通り」であるといわれています。この派生的な意味から自由とか気まま、という表現も含まれています。

自発性はサイコドラマにおいては役割《ロール》の創造のためのエネルギーとなります。したがって自発性には「良い」自発性もなければ、「悪い」自発性もありません。モレノは自発性について、次の二つの場合に発揮されるものとして定義したとされます（Moreno 1962）。

- 慣れ親しんだ状況に新たに対応する手段
- まったく新しい状況に対して適応的に行動する手段

われわれが慣れ親しんでいる状況においては、われわれは通常、使い慣れた対処手段を用います。それは例えば、妻の小言に対して上の空で返事をしたりするような場合です。こうした場合、往々にして「聞いているの！」といった非難を浴びせかけられることとなります。普段と違った行動をすること自体が、たとえ望ましいとは分かっていても心的なエネルギーを必要とします。すなわち、こうした新しい行動が、新しいエネルギーを生み出すということは容易に理解できるでしょう。

問題は第二の定義のほうです。まったく新しい状況に対してはわれわれは新しく行動せざるを得なくなります。それはモデルとなるべき行動が見当たらないからに他なりません。しかし、こうしたときに取られる行動が、必ずしも適切なものであるかどうかは分からない場合が多いのです。

しばしばこうした場合、特に直面する状況が対処困難に思える程度が高ければ高いほどに、人は自棄的な行動を選びやすいことがあります。愛していた人に去られた場合にリストカットに走るなどの行動はその一例です。[*15] これらの行為は了解可能ではありますが、モレノ的な意味では適応的とはいえません。それはこの行動が他者を巻き込み、不安がらせ、結局は行動する主体自身の対人関係をも破壊しかねないからです。

この意味で、モレノが自発性を新しい状況に対して適応的に行動することであると定義したのは、学問的

---

＊14　ロール・クラスターとはロールの集まりの意味。こうした状況ではわれわれの気持ちは様々にある。例えばこの場合、上司に反論したい気持ちもあれば、それをためらってしまう気持ちもあり、また怖いと思う気持ちもある。そうした主役の感じている気持ちを補助自我として主役の後ろにつけて、主役の心にある役割を明確化するための方法である。

＊15　もちろんリストカットが周囲の人間を驚かせて、本人に対する注目をするようにさせると、いわゆる疾病利得が生じ、リストカットを繰り返すことで心の痛みを紛らわせようとする行動が常態化してしまうことがある。最初のリストカットはやむを得ない、追い詰められた行為ではあるが、本来の意味で自発的とはいいがたい。

な意味では厳密とはいえませんが、臨床的にはとても意味のあることであったといえるでしょう。つまり自発的なものは破壊的であってはならず、創造的でなくてはならないという要請があることになります。

われわれは自発性を本来の価値自由な形から区別する意味で、できる限り「自発性＝創造性」という一群の結合したものとして今後サイコドラマにおいては取り扱うことにします。厳密にいえば、自発性＝創造性の形容詞は、自発的＝創造的ですが、これからは「自発的な」と簡便に記すこととします。このように理解することにより、モレノの「自発性は訓練されうる」という主張の意味が理解されるでしょう。

つまり、エネルギーとしての自発性が訓練されるというよりは、そのエネルギーを用いてより創造的になるための訓練が行われるということになります。

【エクササイズ】
一人の主役を選びます。その人に以下のように指示をします。
「あなたは某国の空港にいます。あなたの周りには誰も知る人はおらず、そこは日本語も英語も通用しない場所です。あなたは至急国際電話をかけなくてはなりません。あなたはどうしますか」

このほかにも様々な状況下で、個人が自発性＝創造性を発揮せざるを得ない状態に陥ることで、われわれはあらゆる緊急事態に対処しうるように行動ができるようになります。これは最近では大地震や大災害時の緊急搬送訓練などにおける判断のための訓練としても取り入れられていることは周知の事柄です。

## (7) 表現の芸術的基礎

表現について、またサイコドラマがドラマである意味については、先述の自発性＝創造性の理論において解明しました。しかしこれだけではサイコドラマの魅力について何も語っていないに等しいのです。サイコドラマの魅力はそのドラマ性という面にあるからです。実際、そのドラマ性をさらに発展させたのがジョナサン・フォックス[*16]の「プレイバック・シアター」であり、あるいはドラマセラピーであるともいえます。表現の芸術的基礎については吉田圭吾ら（一九九三）が共著『心理療法とドラマツルギー』における論文「行為としてのドラマと心理療法における倫理」で、次のようにしたためています。

> ドラマを他の芸術と分けているものは、このように「行為」であると言える（4頁）

このことは、ドラマが何よりも行動による表現であり、それがサイコドラマの魅力の源泉になることを示しています。

## (8) 集団精神療法理論

モレノは、一九二五年のアメリカ精神医学会（APA）のシンポジウムに出席し、集団精神療法という用語を初めてそこで使用したといわれます。モレノ自身は、その根源をウィーンにおける子供たちのお話グルー

*16 Fox, J.: サイコドラマチスト、プレイバック・シアター創設者。ザーカ・モレノの弟子。ザーカにサイコドラマの訓練をうけている。また、モレノの選集『エッセンシャル・モレノ』（二〇〇〇）を編集した。

プ作りの体験から得たとしています。

実際モレノは、サイコドラマは集団精神療法の重要な一分野であるとしており、このことはわれわれも十分に首肯できるところです。実際、集団精神療法にはグループ・アナリシスや精神分析的小集団療法、治療共同体等々の言語を主たるコミュニケーションとするものから、活動的集団や認知行動療法のような行動主義的なものまで様々な形態があり、サイコドラマもユニークではありますが、その重要な一部をなしていることは疑いえないことです。

集団精神療法については、『集団精神療法ハンドブック』（近藤・鈴木 一九九九）がおすすめですのでそちらに譲るとして、重要なことは、モレノが終生「集団の治療的効果」を重要視していたという事実でしょう。もちろん現在のわれわれはナチスの集団に対する態度の悪例に見るように、必ずしも集団が健康的なばかりではなく、むしろ不健康なほうに傾きがちであるという事実を知っています。しかし集団を治療手段とする人間にとって、その治療的効果を信じることは基本的な要請であって、自らが信じられない治療手段を用いようとすれば、失敗に終わるのは目に見えています。

### (9) 対象関係論とサイコドラマ

対象関係論をサイコドラマに応用した成果についてはP・ホームズの『内なる世界と外なる世界』（Holmes 1992）が有名です。この著書でホームズは対象関係論を簡潔に紹介もしており、その点でもこの本を学ぶことは一石二鳥の効果があるといえます。

対象関係論的な思考は、特にサイコドラマを行ううえで大きな意義があると考えられます。それは転移関係の中で、主役はかつての対象関係を反復強迫として繰り返すという対象関係論の基本的コンセプトが、そのままサイコドラマのグループにおいても認められるからです。特に古典的なサイコドラマ（筆者は垂直方向のサイコドラマと呼ぶ）は過去における固着点を見出し、それを今新たに解決して、新しい役割関係を構築するというものであり、その構造上も、また実践上も、対象関係論に基づくところが多いといえます。

これに対して、AANZPAにおいてクレイトンが新たに開発した方法が水平方向のサイコドラマであり、これは現在のソーシャル・アトムにおいて新しい役割《ロール》を生み出すことを目的としており、必ずしも過去の外傷体験を克服することを目的とはしていないものです。その点では行動療法的な色彩が濃いといえますが、両者を組み合わせることで、個人のロール・システムを幅広い形で取り扱うことになると思われます。

## 4. 臨床実践と倫理

われわれが行うサイコドラマは集団精神療法であり、ロール・トレーニングや教育手段として用いられる場合であっても、基本的には臨床の手段であるという側面を忘れることはできません。ここでいう臨床とは、医療分野での実践のみを意味するのではなく、より広い意味で対人援助を行うという意味において用いられています。したがってわれわれのサイコドラマにおいては倫理問題への配慮は欠かすことができません。実際、サイコドラマチストやその他のサイコドラマ、ないしアクション・メソッズ関係者が所属することの多い日本心理劇学会では、倫理綱領を規定して倫理的な配慮の重要性を訴えています。

その基本は「傷つけない配慮」にあります。もちろん意図せざる事故やサイコドラマチストの技術的未熟さによって主役を傷つけてしまう場合はあるでしょう。そうした場合の異議の申し立てなどについては、心理劇学会への訴えをする道が開かれており、学会のホームページを参照していただくほうがいいでしょう。問題はそうではなく、研究者が自己の科学的興味のままに、こうした手段を用いて協力者を傷つけてしまうことです。特に心しなくてはならないことは、サイコドラマは個人の認知システムや感情や記憶にまで影響を及ぼしうるような強力な方法論であるのだから、それを悪用して「治療者」が自らの個人的欲望を達成するために利用することも可能であるという事実です。

こうした場合、重要なのが契約の概念です。近代市民社会において、契約は自由な個人同士の間で、個人の自己判断の責任において結ばれるという前提があります。しかしこの前提条件は、必ずしも常に成立するものではないという事実に十分に注意を払う必要があります。

例えば学校の授業にロール・プレイングを導入する場合です。道徳の授業で「いじめ」を取り上げてロール・プレイを行う場合が増えつつあります。そうした授業においては参加する生徒の自発的な意思は重要です。まかり間違っても、教員が気に食わないと思う生徒にいじめられる役を強制したりはしないことが必要でしょう。

しかし自発的に役割《ロール》を取得したとしても、監督《ディレクター》が自己の個人的欲望の満足のために、例えば、いじめの原因を知りたいがために、いじめの授業を利用する（いじめの原因を探求する場面を作り上げる）などということはあってはならないことです。[*17]

ところで、契約を結べば何をしてもよいわけでもないのは、いうまでもありません。ここで重要なのは、「相手を傷つけない配慮」です。サイコドラマは、先にも述べたように強力な手段であり、その強力さは外科手術にもたとえることができます（特に過去をさかのぼり、記憶を想起する中で心的外傷の克服を目指す、古典的なサイコドラマにおいてはこの特徴が著しい）。こうした場合には、この配慮は欠かすことができないものであることを肝に銘じる必要があります。

ここまでは、サイコドラマを実践するにあたっての理論的な背景について述べてきました。次に実践にあたっての注意点について考えてみましょう。

*17　ちなみに昨今の自己責任論についていえば、すでにカール・マンハイムが『イデオロギーとユートピア』(1929) においてイデオロギーがわれわれの決断に及ぼす影響を解明し、われわれの決断がまったく自己責任のみによるのではなく、イデオロギーをはじめとする様々な外的影響にさらされると示したとおり、それが破綻している事実に注目する必要がある。

# 第3章 サイコドラマの展開

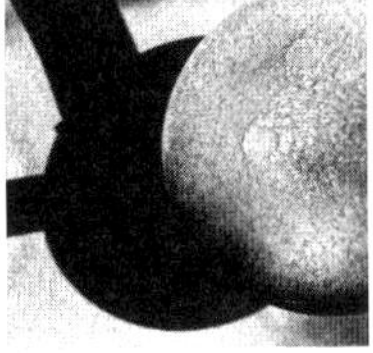

## 1．サイコドラマの場所の議論——五つの基本要素

サイコドラマは、治療手段としての側面を持っています。サイコドラマでは、治療に関与する様々な要因が関係し合うということを十分に理解しなくてはなりませんが、そのことを最も明確にしたものとして、小此木（一九九〇）が提唱した「治療構造論」があります。

治療構造とは、小此木によれば、「治療者と患者との交流に関与するあらゆる要因が構造化されたもの」と定義されます。ここに定義される構造を規定する要因は、治療者であり、患者であり、その他の外的な要因（治療室など）を考えて大きく三つです。これと同様に、サイコドラマの治療構造を考えるときに重要な要因は、サイコドラマが集団であることから大きく分けて以下の五つが考えられます。これを五つの基本要素と呼びます（Moreno 1962）。

（1）主役（protagonist）
（2）監督（director）
（3）補助自我（auxiliary ego）
（4）舞台（stage）
（5）観客（audience）

それでは、（1）～（5）について、それぞれ簡単な説明を行いたいと思います。

**（1） 主役（protagonist）**

個人療法における患者ないしクライエントが、サイコドラマでは、ドラマという性格上、主役（プロタゴニスト）と呼び習わされます。主役は、グループの前で自分の問題を最初に開示する人物です。モレノは、主役となる人物に対して大きな尊敬の念を抱いていました。それはその人が最も勇敢であり、最も自発的であるからです。

**（2） 監督（director）**

サイコドラマにおいて、グループの治療者（ほかの場合はコンダクターとかグループリーダーと呼ばれる）は監督《ディレクター》と呼ばれます。監督《ディレクター》は主役（患者・クライエント）と一緒になって主役の心の世界をともに歩み、体験し、主役を励まし、手助けする存在です。したがって、主役の第一の補助自我は監督《ディレクター》ということになります。しかしそのほかにも、監督《ディレクター》は主役の補助自我であるとともに、冷静な第三者としての視点をも持ち続けなくてはなりません。

**（3） 補助自我（auxiliary ego）**

補助自我は、通常のドラマであれば相手役ということになります。これは、役割《ロール》に対するカウンター・ロール（正確にはロール群ないしロール・システム）を表現するものと考えられます。補助自我を表す原語 auxiliary には、「補助する」の意味のほかに、代替（alter）の意味もあり、主役の役割《ロール》を補完するほかに、それと代替するという意味合いも持ちます。補助自我は主役の補助自我ですが、それと同時に、監督《ディレクター》やグループの補助自我でもあります（その具体的内容は後の実践篇において詳述）。

### （4） 舞台（stage）

舞台とはサイコドラマが演じられる空間のことですが、この用語にはサイコドラマのドラマ性が最も色濃く残されています。サイコドラマは、当初ウィーンにおける自発性劇場において、毎日の出来事を即興劇で演じるという形から始められたため、舞台は必須でした。

モレノが後年ニューヨーク郊外のビーコンに作った「サイコドラマ劇場」には、半円形の舞台が下から大きな順に三段に構えられ、その周囲には観客席が、さらにその上にはバルコニーが設けられていました（図3－1）。モレノはバルコニーを支える柱近くに立って監督《ディレクター》をしたといわれています。

三段の舞台は、上段に行くほど主役の心の内部を表すとされました。したがって主役が自分の問題（現実に困っていること）を話すときは舞台に上がらずに観客と同じレヴェルで話しました。そして心の中の最も深い秘密を演じるときは、三段舞台の最上段に立ちました。バルコニーは神（神々）の領域であり、そこからは自己の営為の世界をはるかに見下ろすことができました。そのほかに、舞台の後ろには壁があり、その向こうへの出入りのための扉を設けました。幻聴がある患者のドラマでは、見えない人物からの声を表現するために、その扉の向こうから声を聞かせるといった工夫もなされたといいます。

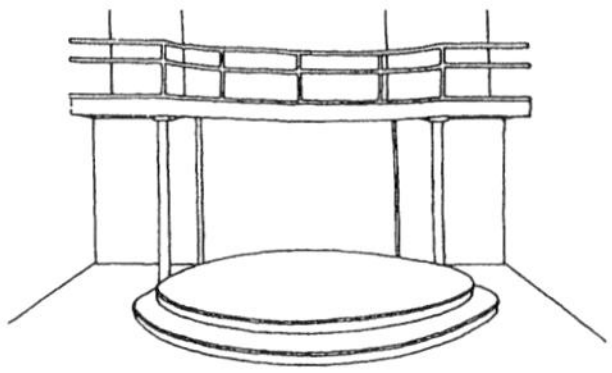

図3-1　モレノの劇場
［Karp et al., (1998) *The Handbook of Psychodrama*］

ただし、この舞台構成が必ずしも望ましいとか、必ずしもこうでなくてはならないということではありません。われわれの実践の場所は、こうした準備が困難となるところが大半であるといってよいでしょう。舞台とはある意味で、「結界」された空間であり、したがって地面に線を引くだけでも、そこが舞台となりうるのです。

### (5) 観客 (audience)

サイコドラマにおいて、観客は必要不可欠な要素です。それは単に、見ている人がいるほうが励みになるといった次元にとどまるものではありません。サイコドラマでは、観客がグループを形作り、グループとしての無言の支援を、監督《ディレクター》や主役、時に補助自我にも与えています。そのほかにも、主役はグループ(観客)の存在によって、この場が「心の世界」であって、現実の世界ではないという事実に気づかされるのです。つまり観客は、現実の世界と心の世界とを結ぶアンカーとして、大切な役割《ロール》を果たしていることになります。[*1]

*1　フランスの精神分析家であり、サイコドラマチストでもあるディディエ・アンジューは、精神分析的サイコドラマとして治療者チーム(監督と父親役となる男性スタッフおよび母親役となる女性スタッフから成る)と患者のみのサイコドラマを行ったといわれる(アンジュー 一九六五)。しかし、ここでは患者も個人の場合と集団の場合とがあり、患者が集団の場合主役以外の患者は観客となるのであり、また患者が一人の場合でも、スタッフがすべて総動員されている場合以外は残ったスタッフは観客役割を取ることに注意しておきたい。むしろアンジューの分析的心理劇は、非常に特化した構造の中で行われるサイコドラマの変形、ないし、現在でいえばドラマセラピーとして捉えられるかもしれない。

## 2．アクション・メソッズの5本柱

モレノは、自己が開発した方法論を総称して、アクション・メソッズ（複数形）と名づけています。この方法論は、具体的に以下の五つで構成されています。

（1）ソシオメトリー
（2）ロール・トレーニング
（3）ソシオドラマ
（4）サイコドラマ
（5）集団精神療法

それでは、（1）～（5）について、それぞれ簡単な説明を行いたいと思います。

**（1）ソシオメトリー**

モレノが体系化した理論や方法であるソシオメトリーは、「客観的に、人間社会の基本構造を明らかにするための」ものであるとされます。具体的には、ソーシャル・アトムが、どのように対人関係の選択と忌避の中で表現されているかを測定するものです。[*2]

モレノはそれを、対人選択と忌避の質問紙を用いて明確にしようとしました。しかし統計手法のいまだ発達していなかった一九五〇年代当時は、十分にそれを行うことはできませんでした。

これを具体的に小学生の集団に用いて一定の成果を上げてモレノに賞賛されたのが、先に述べた田中熊次郎です。しかしながら、田中の方向性はその後、追究されることなく終わっています。

## (2) ロール・トレーニング

ロール・トレーニングは、従来ロール・プレイと呼ばれてきたものです。わが国では、サイコドラマが導入されたときは、その集団への働きかけとしての側面が特に重視されました。

サイコドラマをわが国に最初に紹介した外林大作は、自分が理解し改良した技法を、「ロール・プレイ」と名づけて教育分野に広めました。これがわが国においてロール・プレイという言葉が広まった大きな理由です。ロール・プレイは、モレノの用語としては技法の名称です。しかし外林らの場合は、行為を用いた科学的な自己理解や他者理解の方法論の総称であるという点で、大きな違いがあります。したがってわれわれは、外林の用法を尊重する意味でも、役割《ロール》を用いて行う自己理解や他者理解のための研修の方法論のことを、ロール・トレーニングと呼ぶほうがよいでしょう。

＊2　ところで、このソシオメトリーを具体的に示しているものはソシオグラムと呼ばれている。かつて広田伊蘇夫（一九七五）は精神病院入院患者のボール回し行動を解析し、一定の行動パターン（具体的には患者は一定の人にしかボールを回さないが、健常者は全体的に回そうとする）が見られることを立証したが、これもソシオメトリーの応用である。

**（3）　ソシオドラマ**

ソシオドラマはモレノの定義によれば、「グループ間の関係と集団のイデオロギーを扱う奥深い行動療法」であるとされ、「サイコドラマの方法とは異なる」ものです。集団の問題を扱い、集団で、あるテーマについてドラマ的技法を用いて探求を行うことは、基本的にソシオドラマです。

その点ではわれわれは、サイコドラマとソシオドラマとの区別を明確にしなくてはなりません。例えば、二〇〇〇年にエルサレムで開催された国際集団精神療法学会の世界大会においては、「平和のためのソシオドラマ」が開催されて、イスラエルからの参加者とパレスティナの参加者との交流が積極的に図られました。こうしたものが、本来のソシオドラマであるということができます。

**（4）　サイコドラマ**

これに対してモレノがその人生をかけて探求したものがサイコドラマです。本書ではサイコドラマのための方法論を主として述べていますが、その他の方法もサイコドラマに用いられたり、あるいはサイコドラマがその他の方法や、例えば次に述べる集団精神療法の中に用いられることから、ここでは一括して扱っています。

**（5）　集団精神療法**

集団精神療法という用語は、一九二五年のアメリカ精神医学会におけるシンポジウムで、モレノが初めて用いたものとされています。モレノのこの発表において集団というときには、もちろんサイコドラマの集団を意味していたわけであり、その点では、従来からよくいわれるプラット[*3]による結核教室のような心理教育的集団（しかも現在でいうソーシャル・サポート集団であった事実は、注目に値する）とも違っていました。

また当然、言語的集団にとどまるものではなかった事実にも注意を払うべきでしょう。モレノ自身の行った集団精神療法の例として、論文に挙げられた事例を検討してみますと、モレノは必ずしも集団討議にばかりこだわるわけでなく、討論とアクション・メソッズとを自由に組み合わせていたことが分かります（Moreno 1951）。モレノがいう集団精神療法とは、こうした広い意味で理解される必要があります。

## 3. サイコドラマの四つの公準――時間・空間・真実・宇宙

モレノは、一九六六年の論文「20世紀の精神療法――〝公準〟の機能：時間、空間、真実、宇宙」において、サイコドラマが依拠する公準（あるいは基礎概念）として、時間、空間、真実、宇宙の四つを挙げています。これらは、サイコドラマを作り上げるうえでの出発点として考えられました。彼はこれを、以下のように記載します。

サイコドラマの目的は、（中略）人生そのものをモデルとして治療の設定を行い、すべての生活様式を

*3 Pratt, J. H.: 1872～1956. ボストンの内科医。一九〇七年、JAMAに自らが実践した結核患者への心理教育教室の効果について報告した。これが集団精神療法の最初の例と一般に認められている。

その（治療的設定の）中に統合することである。

そうした治療的設定は時間、空間、真実、宇宙といった公準に始まり、すべての人の人生の詳細で具体的な色取りにまで至るものである。

つまりサイコドラマは、時間、空間、真実、宇宙といった要素を規定することから始められるということです。しばしばわれわれは、主役に「あなたはどの場面から始めますか」とたずねますが、これはその公準を明確化するための質問でもあります。D・キッパー（Kipper, D.）がかつて来日した際、監督《ディレクター》はジャーナリストと同じく〝5W1H〟（When Where What Who Why How）から始めなくてはならない、と述べていますが、これもまた同じ考え方からきています。やはり、すべてはいつ（時間）、どこで（空間）、誰が、何を、なぜ、いかに（真実・宇宙）ということです。

これらの中でも時間、空間という概念は容易に理解できるでしょう。例えばわれわれは舞台において、時間を自由に取り扱い、空間も同様にします。舞台の上は時に現実的な上司との昨日あったトラブルを再現する場所ともなれば、幼いころの父親との思い出を語る場所ともなります。これは演劇の本質的な特性である時間・空間軸の自由度の高さに依っています。

これに対して残された二者、すなわち真実と宇宙という概念はなかなか分かりづらいところがあるので、ここに詳述してみましょう。

真実――ここでわれわれは、真実とは、事実ではないということに注目する必要があるでしょう。歴史的真実とは、歴史的な事実に対する解釈であり、歴史への理解を示すものであることはよく知られています。

例えばエジプト古代史において、ツタンカーメン王については、考古学者ハワード・カーター（Carter, Howard）によってミイラが発見されるまでは、歴史上に実在したかどうかも危ぶまれる王でした。したがって彼が若死にしたという歴史的な記述はあっても、彼の死因については問題視されませんでした。しかし彼のミイラが発見され、それがX線写真に取られてその死因に歴史学上の疑問が生じたのです。一部の考古学者は暴力的な死、すなわち暗殺を示唆していますが、現在でもこの論争には決着がついていません。ツタンカーメンが若くして死んだことは事実ですが、それについての真実はいまだ解明されていないわけです。

ところで、モレノは元来が演劇の演出家であり、こうした事実（これは一つしかない）と真実（これは多様にある）の違いをよく知っていました。さらに彼は俳優が演じるときは真実ではなく、より真実に見せる工夫をすることも十分に理解していました。例えば、泣く演技をするとき、俳優は本当に泣くことはありません。もしも泣いてしまえば、彼あるいは彼女の声は聴衆に届かなくなるからです。上手な俳優は泣くがごとく振る舞いつつ、声を通すようにせりふを述べます。このような体験からモレノは、「真実」（ここではわれわれが依拠する公準としての真実の意味で括弧をつける）を、「真実以下」と「真実」と「剰余真実」とに分類します。「真実以下」とは、われわれが把握するいわゆる事実です。客観的事実は一個しか起こりません。しかしわれわれは、起こった事実を百パーセント把握できるわけではありません。事実として把握されることは、実際には「真実」と呼ばれるものの一部にしか過ぎず、したがって「真実以下」としか呼びようがないことになります。

次に、「真実」です。「真実」とは今、この瞬間に生成し、また発見されうるものです。したがってサイコドラマは、この「真実」を究極的には把握することを目的とします。このために、サイコドラマは必然的に「今、ここで」の瞬間を最も重視することになります。別の言い方をすれば「真実」とは、今、この瞬間に客観的事実と一致したものであることとなります。このことが、この後に述べる「剰余真実」と密接に関係してきます。

では「剰余真実」とは何でしょうか。「剰余真実」という用語は、カール・マルクスの『資本論』に出てくる剰余価値学説に基づいていると、モレノは述べています。資本論にいう剰余価値とは、生産された価値と労働者へ分配される価値との間に生じる余剰部分のことであり、それが資本の市場における利益の源泉であることを、マルクスは立証しました。

この概念に基づき、モレノは「真実」には先に述べた意味における客観的事実のほかに、主役の心の中にある真実（内的な真実）があることを考えて、それに「剰余真実」の名を与えることにしました。

したがって「剰余真実」とは、個人の心の真実であり、ありえた真実であり、あってほしいと思う真実（これは欲望の対象であることから、クライン派の用語でいう「無意識の幻想」）であることになります。つまりわれわれがサイコドラマで扱う「剰余真実」とは、「真実」そのものから、「真実」以外の無意識の幻想やヴァーチャルな現実そのものまでも扱うということになるのです。

逆にいえば、「真実以下」とは立証された客観的事実であり、「真実」とは「今、ここで、この瞬間に」発見された現実そのものであり、そして「剰余真実」とは「真実」を越えた内的な事実を含む、あらゆる可能性に開かれた世界であることを意味します。ここで「あらゆる可能性に開かれた世界」と表現したことに、サイコドラマの特性がこめられていることに留意しなくてはなりません。なぜなら、サイコドラマは、ドラマという形ですべてを可視化する技法であり、「舞台の上という非現実の状況においてだからこそ、非現実的な状況をも表現して見せることのできる」（増野 一九七七）技法だからです。それは当然、あらゆる可能性がありますす（もちろんわれわれの想像力の限界という条件は越えようもないが）。

例えば、未来投影技法（future projection）について考えてみましょう。未来投影においては、主役の、例えば十年後の姿を想像させて、それを実現させてみることをします。この実現された十年後の主役の姿は、もちろん事実ではないし、また事実となるかどうかも分からないものです。さらには内的な真実とも必ずしもいえません。というのも、主役はその姿を望んでいるとは限らず、単に可能性として考えているだけ、あるいはもっといえば監督《ディレクター》に示唆される場合もありうるからです。

注意してほしいことは、このアイデアが実は、現在最もポピュラーとされる「パラレル・ワールド」（並行宇宙）という世界についての考え方とつながるということです。

SFの世界において、宇宙は一つではなく、あらゆる可能性のある世界が並行して存在していることが想定されます。そしてその考え方は、現在の宇宙物理学においても受け入れられています。サイコドラマにおける第四の公準として「宇宙」という用語が出てくる意味がここにあります。

つまりある意味で、われわれはこの四次元時空連続体に所属しつつ、舞台の上ではほかのパラレル・ワールドを訪れ、ほかの可能性を探っていくことが可能となります。その結果は、この宇宙に変革をもたらす形で安全に持ち込めるのです。

ただし、たとえパラレル・ワールドが事実であると実証されても、それは一方向的な移動しか可能ではないのです。それが、いわゆるタイム・パラドックスを回避する唯一の方法であるとされます。[*4] しかしサイコドラマの世界あるいは空想の世界においては、われわれは自由にほかの宇宙へと飛び、そこで新しい人生を

＊4　たとえば過去に戻って自分の生誕前の自分の父親を殺した場合、その父がいないことから自分の存在はありえなかったことになる。これがタイム・パラドックスである。したがってSF小説において過去の改変が可能になるのは、限りなく近いパラレル・ワールドに移動してそこで行動するからであるとされる。

試し、その結果をこの世界へともち帰ることができるのです。それをこの世界で実現するかどうかは、究極的には個人の決断にかかっているということになるでしょう。しかもサイコドラマの優れた点は、この変革を安全に成し遂げられるところです。

## 4．サイコドラマの治療構造論——五つの要素

本章の冒頭でも少し触れましたが、小此木（一九九〇）が「治療構造論序説」で指摘している治療構造とは、「治療方針をたて、治療構造を設定する際の準拠枠を提供する一つのシステム」に他なりません。この観点に従うならば、われわれもサイコドラマという非常に特殊化された、構造化された治療システムを構成する要因についての考察を、まずここで行う必要があります。治療構造論においては、以下が重要となります。

（1）場所
（2）時間枠
（3）対象者
（4）スタッフ
（5）サポート体制

以下に、外的構造としてのこれらを取り上げて論じます。

### (1) 場所

場所は、サイコドラマの大きな制約条件です。サイコドラマをやる場所は、孤立、独立している必要性があるからです。サイコドラマでは感情的な問題を扱うことが多いため、ドラマ内における行動化――これをA・ブラットナー（Blatner 1973）は「アクティング・イン」と名づけていますが――ではしばしば大きな物音が生じることがあり、主役が安心して大声を出せるような環境を用意する必要があります。また外からの騒音や放送音などをシャットアウトできなくてはならないことはいうまでもありません。

### (2) 時間枠

時間枠は重要です。どのような時間をセッションの時間として選ぶかには、慎重な判断が必要となります。しばしばサイコドラマが、時間枠の空いたところを埋めるために利用されることが起こりますが、これは望ましいことではありません。また、セッションはなるべく行事などによって邪魔されないような配慮が必要となります。サイコドラマが定着すると、それを楽しみに通う患者も多くなってきます。そうした患者が通いやすい時間というものも考慮する必要があります。

### (3) 対象者

対象者は当初はかなり限定されることが多いです。具体的には何らかの言語的コミュニケーションの取れる患者が対象としては望ましいものです。ただし、実際には、サイコドラマはあらかじめ決められたせりふがないので、時によっては聴覚障害や言語障害のある患者でも参加が可能です。これは一般的な集団精神療法（グループ・アナリシスや小集団精神療法など）に比べてより広い範囲の患者が対象となりうる点です。したがって、サイコドラマが定着していけば、対象となる患者はかなり拡大しても対処が可能です。

また、逆にエビデンスとしては少ないものの、明らかに今後の実証が期待される分野もあることに注意が必要です。それは一つはＰＴＳＤ（外傷後ストレス障害）であり、もう一つは発達障害の成人患者です。

これらの対象については、例えばＭ・カープ（Karp 1998）は、サイコドラマによるＰＴＳＤ治療によって、ＰＴＳＤ患者の海馬領域に起こった萎縮が回復した事例を紹介していますし、また二〇〇九年来日したケイト・ハジェンズも、トラウマに対するサイコドラマの有効性について紹介をしています（Hudgins 2002）。

次に発達障害の患者に対する治療的働きかけですが、発達障害は学童期、思春期までは療育プログラムが発展しており、それなりの処遇を受けることができるとされ、その結果、社会生活を送る軽度発達障害の患者はかなり多いとされています。しかしながら、現在最も問題とされているのは、社会に出た後の発達障害患者であるとされます。実際、デイケアなどで対処してもなかなか効果が得られず、個人カウンセリングも効果を上げられないでいることが多いのです。

こうした中で、筆者自身の経験では、サイコドラマにおける役割交換の技法は、患者の認知のゆがみを修正し、相手の感情に対する理解を促進することで、他者の感情への想像力を増してくれる数少ない技法であるといえます。ちなみに、杉山（二〇〇七）が指摘する発達障害患者の三つの基本障害は、「社会性の障害」「コミュニケーションの障害」「対人的な想像力の欠如」ですが、想像力を働かさずとも、相手になることで相手の気持ちが理解できるようになる役割交換は、このような人たちの想像力の少なさを補ってくれることが期待できます。

## （4） スタッフ

スタッフは重要な問題です。スタッフはサイコドラマについて熟知しており、またできればその訓練（なかんずくは補助自我の訓練）を受けていることが望ましいです。それはサイコドラマのセッションにおいて、補助自我としての機能を果たしてもらう機会が多くあると考えられるからです。

螺旋《らせん》理論で有名なＥ・Ｅ・ゴールドマンは、その著作『サイコドラマ――その体験と過程』（Goldman 1984）において、訓練された補助自我としてのスタッフの価値についてその重要性を述べています。

## （5） サポート体制

サイコドラマを行う場合、監督《ディレクター》は様々なサポートが十分に受けられる状況になくてはなりません。具体的にはそれは財政的、社会的、医療上、心理的なサポートです。逆にいえば、孤立してサイコドラマを行っていくことは望ましいことではないし、監督《ディレクター》にとっても、また参加者にとってもよいことではありません。

従来、わが国におけるサイコドラマが、病院臨床という場において行われることが多かったのも、参加メンバーの肉体的、心理的な管理を行いやすい環境だったからです。それは、サイコドラマによる心理的な問題やそれが肉体化した反応に、容易に対処できるからであったことを考えると、理解しやすいでしょう。またそうした対処も含めて、病院管理者の十分な理解とサポートとが必要不可欠であることはいうまでもないことでしょう。

以上の外的な条件がそろっている中で、実際のセッションが行われることとなります。最後に、サイコドラマの治療法的側面についても述べておきたいと思います。

## 5．サイコドラマの適応と禁忌について

おしなべて治療法には、適応する症例と禁忌となる症例があります。では、サイコドラマが適応する症例とはどのようなもので、反対に、禁忌となる症例はどのようなものでしょうか。

一般的に考えた場合、治療法においては積極的適応と消極的適応、積極的禁忌と消極的禁忌が考えられるでしょう。サイコドラマも集団精神療法の一種であり、集団を用いての治療手段であることを考えれば、適応や禁忌にも同様に積極的にそうである場合と消極的にそうである場合とが考えられます。

例えば、消極的な適応とは、かつての慢性統合失調症者に対するサイコドラマの場合のことです。慢性統合失調症者にとって、サイコドラマが治療的であるという根拠は特にないでしょう。かつての収容所型の精神病院において、慢性統合失調症者を処遇し、その自発性を維持するために、作業療法やサイコドラマが選択されたのは、ある意味ではほかの治療法がなかったからに過ぎません。したがって慢性統合失調症者の治療が開放処遇に移行し、そこでの様々な働きかけや、デイケア・プログラムが充実してデイケアへの移行などが進んだ現在、慢性統合失調症者に対するサイコドラマの実践はその割合を縮小せざるを得なくなります。

ここでは、まず適応について考察し、その後、禁忌について取り上げ、積極的側面と消極的側面とを考察したいと思います。ただし、その前に断っておきたいことがあります。それは、通常の医学書において、禁忌や適応の議論は、疾患単位（つまり病気の診断名に従って）で行われますが、サイコドラマはその特性上、こ

うした議論になじまないということです。

先にも述べましたが、サイコドラマの評価は、ほかの医学的なものと異なり、個人の病理水準や対象関係といったものによって規定されるのではありません。むしろそのアセスメントの基準は、個人のロール・システムの評価によるものであり、別言すれば、その個人のソーシャル・アトムとカルチュラル・アトムのシステム、そして個人の対象との基本的三技法による可能性の有無によって評価されるものです。具体的には、たとえ神経症水準の個人であっても、役割交換ができないほどに自己に固着している主役は、統合失調症患者であっても役割交換ができて自己を客体視できる個人と比べると、サイコドラマ的な評価が低いという事実です。したがって、われわれは議論を進めるにあたり、疾患単位ではなく個人の特性単位で語ることが多くなることを了解されたく思います。

まずサイコドラマを適応するのによい対象とは、何らかの意味で自己を表現することに対して支障を感じ、それを何とかしたいと考える個人です。これは積極的な適応となります。サイコドラマチストは、ラスコーの洞窟壁画がその好例であるように、基本的に、表現することを人間は好むものであると考えます。つまりサイコドラマチストは、表現手段を確保できれば、人間はより健康的になると考えているのです。

ただしこれが一面的な理解であることに注意が必要でしょう。何かを表現する際に、言葉で語るよりも体を動かすことを好む人間が少なからず存在していることも事実だからです。実際に会話をしているときに、言葉よりも雄弁にジェスチャーによって語りかける人を見かけたりしますが、こうした人々の振る舞いこそ、サイコドラマの積極的な適応例と考えてよい場面でしょう。

逆に消極的な適応として見られるのは、言葉での表現が苦手であったり、そうした表現に臆病な人々の振る舞いの場面です。こうした人々にとっても、サイコドラマは言葉で話すよりもより容易にできる方法、つまり消極的な適応として働くのです。

この意味で、子供や幼児の振る舞いは、サイコドラマのよい適応例となるでしょう。実際にモレノはウィーンの小公園において、子供の空想物語を実際に演ずるという活動を続けていたといわれます（マリノー 一九九五）。このように子供は、サイコドラマのよいターゲットとなります。

しかし子供ばかりではなく、知的に遅れた人々や、発達障害の人々にとってもサイコドラマは望ましいのです。

発達障害におけるサイコドラマについて語っておきましょう。発達障害の人々に対する精神療法は、その認知のゆがみと言語能力の障害ゆえに困難を極めます。しかしサイコドラマを用いることによって、言語化されないところを表現できるという消極的な適応のほかに、役割交換を行うことで、相手の気持ちが分からなかったことが明らかになり、その結果相手の気持ちを理解しようという努力につながるという意味で、積極的な適応であると考えられます。

実際、筆者の体験でも、社会性が障害され、家族が抱いている気持ちに想像力を働かせることのなかった高機能自閉症の患者が、サイコドラマの繰り返しによって、相手への配慮を示すように変わっていったのです。

逆に禁忌の点ではどうでしょうか。まず消極的禁忌といってよい、これは不可能といわざるを得ない患者がいます。自己統制が取れず、暴力的傾向が強いメンバーは、残念ながら消極的な禁忌となります。こうした人々は集団に入れず、その点でも精神療法が困難な症例であり、まず個人的な人間関係を確立することが先に求められるでしょう。

また最近に大きな心的外傷体験（特に身体的障害や死を伴うような場合、あるいはレイプ被害など）を負った人間にとっては、（表面的にでも）気持ちの平静な状態が確立するようになるまでは、サイコドラマは望ましくはありません。

さらに表現することに恐怖を覚えるような人々、なかでも社会的引きこもりの人のような場合においてはやはりサイコドラマに乗ってくれないでしょうから、消極的にも積極的にもサイコドラマには向かないといわざるを得ません。

その他の消極的な禁忌として「アクト・ハンガー」の問題が挙げられます。アクト・ハンガーとはA・ブラットナー（Blattner 1988）によって初めて提唱された概念です。この患者は主役になることを積極的に望みます。しかし、自己の問題と直面することよりも、主役となることで周囲からの注目や同情や共感を得ることに目的があります。

したがって、彼らにとっては問題解決や自己認知の促進が目的ではなく、主役となってのカタルシス体験のほうが優先されることになります。こうしたアクト・ハンガー患者は、短い間隔でサイコドラマのセッションに出席し、主役となることを強く望むのであり、その間隔の短さや、同じ主題を繰り返してもまったく認知の変化が認められないことに特色があります。

それでは、積極的禁忌はないのでしょうか。主役となることで何かを変えたいと望んでいる場合は、サイコドラマは何らかの効果が上げられます。逆にいえば、自分を変える気がない、あるいは変わる必要を感じない場合は、サイコドラマをやるだけ無駄であることになります。そしてまた、いまひとつの積極的禁忌として、極度に自己愛的で集団を信用せず、集団を自己の都合に利用することしか考えられない場合も挙げられます。なぜならば、そうした人物はサイコドラマばかりではなく、集団という手段をまったく信じず、集団をだめにしてしまうからです。

先にも述べたように、このようにサイコドラマの適応と禁忌は、集団への適用性（availability）によって決定されるというべきなのでしょう。

## 6. おわりに

本章では主にサイコドラマの実践の前段階について説明をしました。いよいよ次章で、実際のサイコドラマがどのように行われるかを順を追って詳しく見ていきたいと思います。

# 第4章 サイコドラマの実践

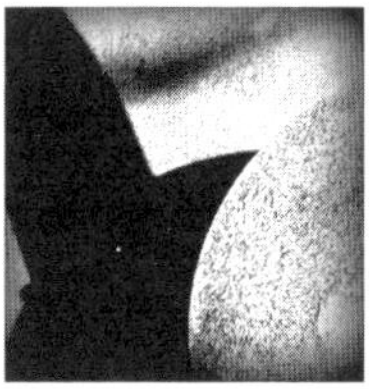

# 第1節　サイコドラマの三つの基本技法

サイコドラマには基本的技法が三つあるとされています。これらはすべて、役割《ロール》を取り扱うときの方法です。

（1）ダブル（double）
（2）ミラー（mirror）
（3）役割交換（role reversal. ロール・リバーサル）

つまりサイコドラマとは、究極的には舞台の上、観客のいる前で、主役と補助自我とが様々な役割《ロール》を取りつつ、この三つの技法をそれぞれ展開することで真実を実現するものである、と定義できます。ここでまずこれらの具体的な方法について説明し、その実習方法を述べましょう。

## （1）ダブル（double）

ダブルは「もう一人の自我」となるための技法です。ダブルとなる補助自我は、主役に付き添い、主役の体験をともにし、主役の思い――言葉になるものも、ならないものも――を言葉にするという役割《ロール》を果たします。ダブルの訓練が進むと、相手の感情や考えていることを正しく読み取れます。

【ダブルのエクササイズ】
①二人で横に並び、息を合わせて歩いていきます。このときに横を見てはなりません。相手の動きや呼吸を感じ取ってそれをまねしていきます。
②さらにもう一度同じく歩いて息を合わせ、自分が感じた思いを口に出してみます。

### （2） ミラー（mirror）

ミラーは、主役と補助自我とがやり取りをしている場面を、横に立って客観的に観察する技法です。

【ミラーのエクササイズ】
①相手と向かい合い、互いに鏡像となったように、相手の動きに合わせて動きます。
②次には相手の動きを予測して、動きつつそれを言葉にしていきます。さらには感情を予測して、それを言葉にします。

### （3） 役割交換（role reversal. ロール・リバーサル）

役割交換とは、サイコドラマにおいて最も頻用される技法です。役割交換は、相手と位置を交換し、相手の立場に立つことにより、相手の感情や体験を追体験することができる有用な技法です。その目的として、次の五つのことが考えられます。

（a）状況を理解して再現する（これは自己のためでもあるが補助自我のためにも必要）。
（b）相手の立場になって相手の気持ちを理解する。
（c）自己の気持ちを確かめる（相手と役割交換をして自己役の補助自我から言われて初めて自分の気持ちが確認できることはしばしば起こることである）。
（d）相手の気持ちと自己の気持ちの統合がなされる。
（e）実存的決断と、自発性＝創造性が発揮される。

役割交換においてまず大切なことは、相手の言葉を正確に反復することであり、また相手の行動を正確にまねることです。しばしば役割交換をした補助自我が、自分なりの解釈を加えて、主役の行動を微妙に変更してしまう場面が見受けられます。しかし、かつて来日したモレノ夫人ことザーカ・トマス・モレノ（以後、ザーカ）は、わが国でのワークショップにおいて、まず主役の行動や言葉を正確に再現するよう、補助自我を厳しく指導していました。特に行動面では、些細と思われるような行動の省略や、角度の違いにも気を配っていたことをここで喚起しておきたいと思います。

【役割交換のエクササイズ1】
①二人でペアとなって互いに五分間、自分のことを話します。
②五分経過したら交代し、今度は相手の話を五分間聞きます。

③次に、ほかの人々に向かって、自分が相手から聞いた話を、できる限り正確に聞いたまま話すようにして、ペアの相手の紹介をします（この技法は、他己紹介と呼ばれる、集団をウォーミングアップする技法でもある）。

【役割交換のエクササイズ2】

①三人一組となり、椅子を向かい合わせに三つ置きます（図4-1）。

②向かい合った二人が主役と補助自我となり、何かの話をする場面を作ります。まず最初に主役が話し、役割交換を行い、今度は補助自我が同じことを話します。

③立ち会った第三者（観察者）は、観察していてどこが違っていたかを指摘し、修正させます。

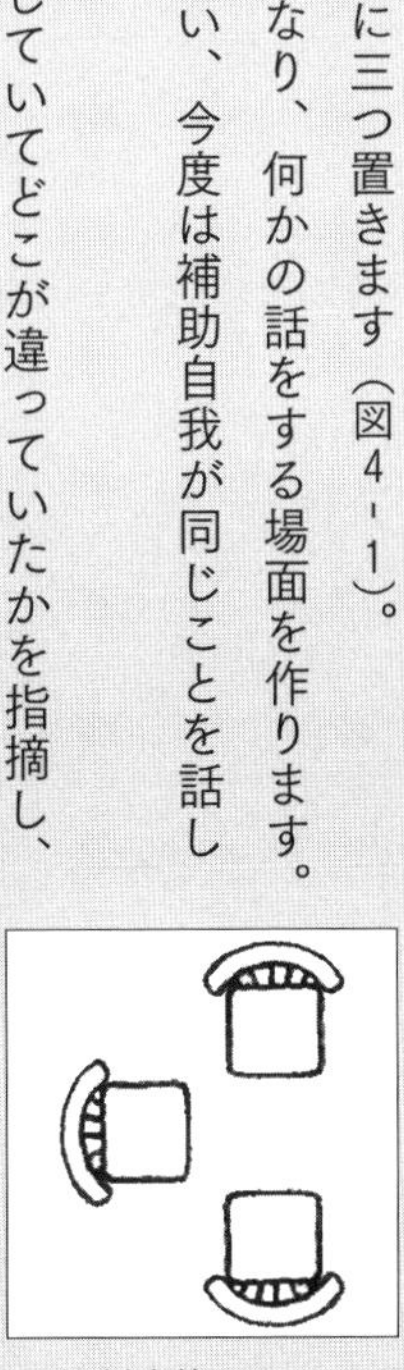

図4-1　役割交換のエクササイズ

【役割交換のエクササイズ3】

①同じく三人で一組となり、主役、補助自我、観察者となります。

②同じく話をする場面を行いますが、観察者は一つ一つの語彙ごとに役割交換を行ってみます（通常クイック・リバースと呼ばれる技法の練習）。

## 第2節　サイコドラマの基本的な進み方——三段階の過程

本節では、サイコドラマの実践を、実際の過程に即して具体的に解説します。

サイコドラマは即興劇ではありますが、モレノ以来様々な経験が重ねられることによってある程度一定の過程を経ることが確定しています。これは経験的に得られた原則であって、必ずしも絶対的なものではありませんけれども、その構造を考えてみると、演劇の中でも日本の「能」や「舞踊」に見られるような、三段階の過程をたどることが原則です。

すなわち舞踊や能においては、劇は序・破・急の三段階を取るとされますが、サイコドラマにおいても、ドラマは同じく三段階をたどります。

この三段階を、通常、ウォーミングアップ段階→劇化段階→シェアリング段階の三つとします。

特に第三段階のシェアリング（話し合い）は、ザーカが一九八一年に来日した折にわれわれに紹介して、初めて定着したものです。

それ以前においても、劇化後に何らかの感想を述べ合い、解釈が行われてはいたのですが、この第三段階が、後述のようなサイコドラマの集団精神療法としての重要な意味を持つものであることは意識されていませんでした。したがってシェアリングはザーカが考案したものではありませんが、その紹介によって、日本におけるサイコドラマが一段と進化したことは否定できない事実です。

以下、この三段階を順に説明します。

## 1．ウォーミングアップの段階

最初のこの段階は元来、演劇や運動において重要視されている概念です。モレノ（Moreno 1962）は自らの功績について、「私の最大の功績は、精神療法に笑いを取り入れたことである」と述懐していますが、筆者の見るところ、その功績の一つとして、このウォーミングアップの概念の導入が挙げられるでしょう。

サイコドラマはドラマであり、その点では、役者が劇の練習の開始前にまず心身の状態を整えて演技に備えるために、身体的・心理的な準備のためのエクササイズといったウォーミングアップを不可欠とするように、参加者ならびに監督《ディレクター》自身がサイコドラマに備えるための準備作業は不可欠です。

さらには、サイコドラマは集団の凝集性を重視するので、その点で凝集性をまず高めておかねばなりません。集団への帰属感、集団での安心感・安全感がないところでは、サイコドラマは行えないし、行ってはならないので、何よりもそうした条件作りが優先されます。こうした準備を行う段階がウォーミングアップの段階です。

ウォーミングアップは、実際的には以下の四段階に分けられます。

（A） 集団全体のウォーミングアップ

↓

（B）個人のウォーミングアップ（イメージアップとも呼ばれる）
↓
（C）個人の主役に向けてのウォーミングアップ
↓
（D）個人のドラマに向けてのウォーミングアップ

以下、これら四つのウォーミングアップについて詳述し、さらにはそれぞれのエクササイズについて、実例を示していきたいと思います。

## A　集団全体のウォーミングアップ

まず、ウォーミングアップがされなくてはならないことは先に述べました。特に集団は、従来からよく知り合っている場合であっても、セッションの最初には日常性を常に引きずっており、サイコドラマの環境にはなかなかなじまないものです。サイコドラマ体験のないメンバーが多い場合は特にそうした傾向が強くなります。そこで、集団全体をウォーミングアップする方法として、まず簡単なアクション・ソシオメトリーを行うことも必要となります。それはこれからドラマを一緒に行っていくうえで、集団に対する監督《ディレクター》自身のウォーミングアップともなります。

【エクササイズ1】（アクション・ソシオメトリーによる集団の把握として）
集団の内部構造を見ます。
①まず外形的な問題から、身長、年齢などの順に並んでもらいます。
②次に親しさを基準として集団をサブグループに分けます。よく知っている相手の近くに集まってもらいます。孤立した人が出た場合は、その人が一番入りやすいサブグループに入ってもらいます。

【エクササイズ2】

サイコドラマを知っている程度によって列を作り並んでもらいます。

「今ここの部屋の端から端までを一つのスケールであるとします。こちらの端はサイコドラマを知らないというほうです。あちらの端はサイコドラマをよく知っているというほうです。自分の気持ちでどの程度知っているかを考えて、列になって並んでみてください」

（このバリエーションとしては、サイコドラマ体験時間や回数で並ぶこともある。あるいはもっと深く踏みこむなら、サイコドラマを体験してみた際の緊張度を聞くこともありうる）


なお、ここで注意したいことは、この集団把握の段階はいつも必要とされるものではないということです。しばしばこのプロセスを省いて、まず契約から入る場合も多いです。ただし、そうすると、集団のウォーミングアップに費やす時間も増えてきます。集団の特性と監督《ディレクター》自身の特性を考え合わせて行うべきです。集団の次の段階として、集団全体の構造的な把握ができたならば、まず集団としての契約を結びます。これは筆者が必ずやっていることで、サイコドラマが治療的手段であることをメンバーに意識させるための重要な手続きであるとともに、集団という場が安全で、安心できることを保証するための手続きとして欠かせないものです。

すなわち、以下の四点を確認してもらいます。

- 秘密の厳守――グループで話された事実は外部には漏らさない。
- 途中退出――途中での退出は可能だが、口頭で監督《ディレクター》に必ず断ること。トラウマ体験を持つ参加者は時に、ドラマの内容に刺激されて耐えられなくなることがあります。その場合は途中退出も可としま す。
- 自由な発言の保障――何を言うことも許されます。もちろん監督《ディレクター》に対する批判も可能ですし、歓迎されます。ただし後から（具体的にはワークショップ後に）、ワークショップ中の出来事について蒸し返すことは不可です。
- 携帯電話対策――携帯電話は原則禁止。これは集団に集中するためであり、また治療的環境を確保するためでもあります。

これらの点を確認し、さらに会場を締め切って初めて安心できる状況が出来上がるのです。

では実際、集団のウォーミングアップはどのように行われるものでしょうか。これについては、様々な監督《ディレクター》が数々の工夫を凝らしています。また集団全体の凝集性を高めるべく、グループワークにおいてよく用いられるゲームなどを行うこともよい方法です。この場合には、次の四つの原則を踏まえているほうがウォーミングアップの流れがスムーズになります。

- 末梢から中枢へ
- 個別・具体的から抽象的へ
- 動作から言葉へ
- 一人から二人へ、二人から多数へ

つまりウォーミングアップは、当初は個人ないしペアから始めても、最終的には全員で参加できるようにすることが原則であるし、また内容も個別的かつ具体的なこと（例えば日常的な情景を作ってみることや季節の話題、例えば「ひな祭り」という題で場面を考えてみること）から、より抽象的な事柄（自分の将来像や、さらには自分という存在の意味について考えてみること）に進むべきであるし、また肉体的な動作や体操から言葉を用いたもの、言葉を用いて説明するものへと進むほうがやりやすいのです。

ウォーミングアップにおける第一の原則は、クールダウンをさせないということであり、ウォーミングアップされた状態を維持するか、さらに高めていくことにあります。したがって言葉を使って説明したり、ましてや考えなくてはできないようなことをすると、必ずクールダウンしてしまうことに注意する必要があります。またメンバーの希望しないようなことをさせようとすると、集団に抵抗が起こり、その結果、クールダウンが起こってしまいます。集団全体のウォーミングアップにおいて、最もよいウォーミングアップの方法は、やって楽しく、みなが喜んで参加できて、しかもお互いに親しみの増すような種類のものです。

このような点から筆者がよく使うのは、ペアになってのマッサージです。マッサージをしてお互いにどこが気持ちよいかを話していくうちに関係が深まります。さらにマッサージの人数を増やすと全身のマッサージが行えます。

ただしこの技法の問題点は、トラウマを持ったメンバーの場合や、相手に対する被害感情を抱きやすいメンバーにおいては、触られることを拒否するのでほかの方法を選択する必要があるという点です。したがってこの技法を用いる場合、まず触られることを受け入れるかどうかを確かめたうえで実施する必要があります。増野は、体操をし、その後何か得意な競技をみなに教えるという技法をよく用いています。またお互いに握手をして、相手を褒めるという技法もよく用いられます。

この集団全体のウォーミングアップについては、このほかにも様々な技法が用いられており、工夫を要するところでもあります。そのためには、まず他人のやり方をまねるところから始め、様々な監督《ディレクター》の集団のウォーミングアップ技法を学び、その中から自分らしいオリジナルなものを作り上げる必要があります。

## B　個人のウォーミングアップ（イメージアップ）

集団のウォーミングアップが終わると、次には個人のウォーミングアップが必要となります。

個人のウォーミングアップは、通常イメージアップと別称されています。これはイメージを喚起することで、個人を主役に、よりスムーズに移行させやすくするからです。外国のサイコドラマチストには、こうした手続きを踏むことのない監督《ディレクター》もおり、例えば筆者の師であるマックス・クレイトンは、「今日はあなたは何に対してウォーミングアップしているか」と問いかけるところから始めています。また、筆者が参加していたオーストラリアのワークショップ（トレイナーの自己発展のためのもの）においては、「今度のセッションでは、誰が主役をやるかね」という問いが各監督《ディレクター》から普通に行われていました。これは、次項に出てくる「主役に向けての個人のウォーミングアップ」に属する問いであることはいうまでもありません。

しかし、わが国におけるサイコドラマの場合、参加者はおおむね主役に対する抵抗や、公衆の面前で自己表現をすることへの抵抗感が強く、なかなかすぐには主役に立候補をしません。そこでまず、メンバーをウォーミングアップし、主役に向けての勇気を発揮できるようにすることが求められます。

こうした場合、表現することへのためらいを抱くことが多いので、表現することを中心に置いたウォーミングアップを行えばよいことは容易に理解できるでしょう。こうした表現を促すために、各人にイメージを喚起させ、その表現、表出を受容、賞賛するようなやり方が効果的となります。こうした理由から、この段階はイメージアップと呼ばれることが多いのです。

では具体的にはどのような方法でしょうか。しばしば用いられるのは、実際に存在している風土の、具体的なある情景を思い浮かべるという技法です。

日本であれば、三月ならひな祭り、四月は入学式といった、季節ごとに移ろう情景を誰でも思い浮かべられるでしょう。また同じ季節でも、地方によって、独自の光景があるでしょう。例えば、弘前城であれば、春五月にはその城壁に華麗な枝垂れ桜の花がかかります。あるいは筑後柳川であれば、運河の上を船で行く花嫁行列の光景があります。このように、すばらしい光景を思い浮かべて作り上げることで、個人をウォーミングアップさせることができます。なぜならこうした懐かしい、美しい光景が、それぞれの人の心に様々な記憶を想起させ、容易に個人を主役へと導くような場面を構成することができるからです。

またこうした光景の作成には人数が必要となるので、多くのメンバーが同じ場面に様々な登場人物となって登場することが可能となり、集団としてのウォーミングアップを補足してくれるという役目もあります。

**【エクササイズ1】**

① 「夏の海の光景を思い浮かべましょう。どこの海がよいですか。思い浮かべてください」（一人ひとりに内容を確認する。その際、インタビューした各人に会話の最後に必ずお礼を言うこと）。

② 「皆さんの海のお話が聞けました。ところで、この中からお一人の方の海の光景を取り上げて、皆さんが一番行ってみたいと思われる海の光景を、皆さんで作ってみたいと思います。どなたの海がよいでしょうか」

次に重要な方法は、「何かのものになる」という技法です。主役がものとリバース（入れ替え）をして応答するという方法は、ものになる技法として日本では発展してきました。そしてそれは諸外国においても徐々に受け入れられ、現在では有効な方法として認められています。しかしモレノの著作を読む限りでは、モレノにはこうした発想はなく、実践の場において、ものとのリバースをしたということは考えにくいです（この技法は筆者自身の体験では、おそらく故松村康平によって開発されたものであろうと想像されるが、不確実であり、後世の調査を待ちたい）[*1]。

ともあれ筆者がサイコドラマを始めた三十五年前、すでに日本ではさかんに用いられていたことは事実です。ものになることは象徴的な世界でのドラマを作りやすいし、またメンバーの対象関係水準を判定するのにも、また自発性の次元を判定するうえでも、有効な方法論です。

**【エクササイズ2】**
「自分が石になった場合を想像してください。どんな石になるでしょうか」

**【エクササイズ3】**
「あなたの好きな鳥になってください。どんな鳥になって何をしますか。色は？　大きさは？　くちばしはどんなですか。飛んでいますか、止まっていますか。あらゆる想像をしてみてください」

例えば、石になったメンバーが「その石は小さく、道の片隅に蹴飛ばされて転がっている」と言う場合は、明らかにこのメンバーの自己像は卑小なものとなっており、対人関係から遠ざかろうとしている（それも他人のせいであるという他罰的な態度）ことが見て取れるでしょう。このように、ものになるという技法は、メンバーの内的世界を、直接的にではなく、象徴物（シンボル）を通じて間接的に表現することに適しています。

＊1　実際、先の役割の定義からすると、対人関係場面ではない、例えば室内に椅子と自分しかいない（これこそ「空の椅子」〈エンプティー・チェア〉そのものであるが）という状況で椅子と立場を変えた場合に、それを役割としてよいのか問題が残るといえるであろう。実際に松村・斎藤（一九九一）は、「自己、人、ものという三者関係において、関係状況が展開する」と述べており、この考えは自己とものと人とを別個の存在と定義している点で、明らかにモレノの考えに忠実である。しかし実践においては、松村がものとのリバースを行っていたのも事実である。そしてそれが有効な方法論であることもこれから述べるように事実である。したがって、われわれはここで、モレノが定義した役割の「対人関係場面において」という一節を「外的には対人関係において、内的には対象関係において」と定義しなおす必要があるといえる。

かつて筆者はこの考えを、「象徴的現実化の技法」としてまとめ、AANZPAにおいて発表したことがあります。象徴的現実化はこのイメージアップから個人の主役へのウォーミングアップ、そして劇化段階までを、すべて象徴的な次元で行うことを目指した技法です。ものになったときには、そのもののストーリー（ナラティヴ）を聞くことによって、それだけでも治療的効果を上げられることがあると同時に、次の主役へのウォーミングアップともなります。

## C　個人の主役に向けてのウォーミングアップ

次に、個人を主役にウォーミングアップするための方法論を説明します。個人は、イメージアップによって徐々に自己の問題点を頭に思い浮かべ始めます。個人はイメージアップして、そのことについてインタビューを行うことで、徐々に様々な過去の外傷体験や、そうでなくても当時は理解しがたかった体験を想起できるようになります。

イメージアップの場合には、一般的には全員をほぼ同じぐらいの進度にまでウォーミングアップする必要があります。ただし実際には、ウォーミングアップは個人差が大きく（人間は機械ではないので）、全員を同じ次元に合わせることなどできません。したがって、個々のイメージアップに差がありつつも、主役へのウォーミングアップを行わなくてはならなくなります。こうした場合に、主役の選択を行う際、主役へのウォーミングアップとしていくつかの方法があります。

（1）　主役の募集をする。

（2）インタビューを深める。
（3）選択肢の一つに主役を入れる。
（4）集団に主役を選ばせる。
（5）個人のウォーミングアップ度で決める。

**（1）主役の募集をする**

【エクササイズ】
「今いろいろなイメージを出してもらいましたが、ご自分のイメージをもう少し膨らましてみたい方はいますか」と質問します。そしてどんなイメージをどのように膨らませたいかをたずねてみます。

この場合、最初に話してくれる人は、ウォーミングアップが高い人であるので、そのまま主役としてもよいでしょう。しかし時には、話をして、二番目や三番目に手を上げた人物のほうがむしろウォーミングアップしてくる場合もあります。その場合は、後から手を上げた人物でも主役とするべきです。

**（2）インタビューを深める**

【エクササイズ】
「Aさんがおっしゃっていたことを、もう少し詳しくお話しいただけませんか」

この場合、グループはしばしばAが主役にされることを期待して、ウォーミングアップが下がってしまいます。また、Aに話を持っていったということは、Aの話に惹かれたということをほかのグループメンバーに予想させる結果となります。したがって、こうした場合には、むしろ「今までの話では、私（監督《ディレクター》）はAさんの話に最も興味を持ちました」と自己開示をし、そのうえで、A以外にこのセッションの主役をやりたいと思うメンバーがいるかどうか、前もってそれをメンバーにたずねるほうがよいでしょう。この方法はAばかりではなく、他のメンバーのウォーミングアップも高めることができます。

### (3) 選択肢の一つに主役を入れる

この技法は筆者の知る限り、高良聖《きよし》によって発明されました。椅子を三個並べます。そして「今日の気分でこの椅子のどれかを選んでその後ろに並んでください。一つは主役をやりたい気分、一つは補助自我をやりたい気分、もう一つは今日は観客でいいやという気分の椅子です」と説明を行った後、椅子の後ろに並んでもらいます。こうすることで、その日の各個人の主役へのウォーミングアップ度を測るとともに、並ぶことで主役をする決意を固めさせて、主役へのウォーミングアップを促すものです。その後、主役の椅子の後ろに並んだ各人にインタビューを行い、主役選択へ移ります。

### (4) 集団に主役を選ばせる

後で述べる主役選択においてしばしば用いられる方法に、集団に主役を選ばせるというやり方があります。このやり方は同時に、主役へのウォーミングアップともなります。サイコドラマは、先にも示した通り集団精神療法であり、集団としての力動を無視することはできません。したがって、集団が望む人物を主役とすると、サイコドラマはスムーズに進行します。

逆に監督《ディレクター》が自分の個人的興味によって主役を選び、その選択が集団の意向を無視したものであると、集団はそのドラマに不満を抱き、場合によっては非協力的となってしまい、その結果、サイコドラマが、演じた主役にとっても、集団にとっても不満足に終わってしまいます。このようなことはしばしば、サイコドラマのスーパービジョン・セッションにおいて見られることです。

したがって、集団の意向を問うことは、基本的に望ましいものであることを初めに明記しておきたいと思います。具体策としては、先に記したアクション・ソシオメトリーの技法が用いられることが多いです。

すなわち、まず各人のイメージをもう一度聴取して確認した後に、「皆さんはこのセッションの主役として最もふさわしいと思う人を一人選んで、その人の肩に手を置いてください」と指示をします。

肩に手が置かれた人数を各々確認した後、少なかった人には十分に感謝の意（彼ら／彼女らはほかの人から選ばれるという大役を果したという理由から）を示して、最も多かった人に主役をするかどうかを確認するのです。

この技法の変法としては、主役にふさわしい人の後ろに並ぶという方法もあります。しかしこの方法は、お互いにバックを取り合うような形となって混乱が起こりやすいのでお勧めできません。むしろこの後ろに並ぶ技法が有効なのは、主役希望者が複数出た場合であって、その中から主役を選択する方法としては優れているものです。

**（5）個人のウォーミングアップ度で決める**

集団で決めるやり方は、場合によっては、あまり主役にウォーミングアップしていない人を主役とする危険性もあります。そうした場合、主役候補者が強く辞退してしまい、その結果、セッションがスタックすることも起こりえます。

これに対してより安全な方法としては、各人の主役へのウォーミングアップの度合い（これはある意味では自発性の度合いとも言い換えられる）を測定し、その度合いが最も高い人を主役とするという技法が考えられます。この利点は主役選択が公平であり、しかも集団の意向とも一致しやすい（少なくとも集団全体の同意は得やすい）ということです。

**【エクササイズ1】**

「（全員に立ってもらった後）このセッションで主役をやりたいと思う方は、前に一歩出てください」

**【エクササイズ2】**

「（全員を横並びに一線として）このセッションで主役をやってみたいと思う程度に応じて、前に進んでみてください。横を向いてほかの人の反応を気にする必要はありません。自分がよいと思うだけ前に進んでください」

このやり方は、主役選択に好都合であるとともに、個人の主役へのウォーミングアップのためにも役立つものです。

## D 個人のドラマに向けてのウォーミングアップ・主役選択

こうして主役への個人のウォーミングアップができた場合（特に前述の（5）に挙げた二つのエクササイズは主役へのウォーミングアップが、同時に主役選択を兼ねているが）、次に迎える大事なことが主役の選択です。主役の選択は原則として主役となる人の気持ちと、監督《ディレクター》の選択と、集団の選択が一致することが望ましいです。先にも述べたように、監督《ディレクター》の意志のみが優先されても、主役や、集団の抵抗が強まってしまうだけであり、また集団の選択が優先されて主役の意思が尊重されないと、主役は心的外傷を負うことにもなります。

問題は三者（主役／集団／監督《ディレクター》）の意向が一致しない場合です。集団を十分にウォーミングアップしていれば、また監督《ディレクター》が柔軟に集団と主役の意向とに合わせることができれば、三者の一致はさほど困難なことではないはずです。ただし実際にはそうはいかないことも多いものです（特に初心の監督《ディレクター》の場合）。この場合には、原則として主役となる人の意向がまず尊重されるべきです。これは主役候補者の心的外傷を予防する意味で必要不可欠なことです。主役候補者は、主役になる自由、ならない自由のどちらをも同等に持つことができる状況でいなくてはなりません。それは誰にも侵害されない基本的人権である以上、監督《ディレクター》はまず主役候補者に主役となる意思の有無を確認することを怠ってはなりません。

主役選択の方法論としては次のことが考えられます。

（1） 集団が選ぶ技法
（2） 主役へのウォーミングアップの度合いによって決める方法

（3）監督《ディレクター》が指名する方法

**（1）集団が選ぶ技法**

この技法についてはすでに述べましたが、肩に手を置くというものが一般的であり、しかも初心者にも安心して用いられる安全な技法です。この変法として、先に示した主役候補が複数出た場合、主役候補の椅子を並べて、その中で最も主役にふさわしいと思う人の後ろに並んでもらうというやり方があります。

**（2）主役へのウォーミングアップの度合いによって決める方法**

この方法には、様々な変法があります。先に述べた一直線になり前に進んでもらうのも一法であるし、手を自分のウォーミングアップの度合いに従って、高さを調節して上げてもらう方法や、同じく手を広げその開き方で示してもらう方法もあります。これらは個人のウォーミングアップの度合いを端的に眼に見える形で示すものです。

**（3）監督《ディレクター》が指名する方法**

この方法は、前述の二つと比べてむしろ監督《ディレクター》に判断の基準がある場合です。日本におけるサイコドラマでは、十分に集団全体のウォーミングアップを行っても、自分から主役として名乗りを上げるということが少ないものです。これらは「謙譲の美徳」という言葉が示すように、自己主張を控えて他者に譲ることが望ましいとされる日本の文化的な風土に根ざしているのでしょう。このようなわが国において監督《ディレクター》が主体的に主役を選ぶということは、監督《ディレクター》にとっても主役にとっても、そしてグループにとっても、望ましいとされることが多いです。

この場合も集団精神療法としての見地からすると、以下の諸点での配慮が必要となります。

- 主役は集団の誰もが納得する人でなくてはならない。
- 主役は監督《ディレクター》との個人的なつながり、主役のイメージの内容が監督《ディレクター》に与える影響といった要素で選ばれてはならない。

このことはすなわち、監督《ディレクター》の主役選びの基準が明らかにフェアなものであり、集団がそれで納得し、満足するようなものでなくてはならないということです。その場合には、以下の諸点があると集団の同意が得られやすいです。

あるいは逆にいえば、以下の諸点がある場合は、率先して主役を選ぶことを考えなくてはならないということです。そのためにも、主役候補本人に、主役となることに同意してもらう必要があります。

①個人が感情的に爆発して抑制がきかない場合。
②個人が心的外傷となるような事態を経験している場合（ただしこの場合でもあまり直近の体験の場合には避けるほうがよいこともある）。
③個人が孤立したイメージや被害的なイメージ、死のイメージを出してきた場合。
④個人のイメージが具体的かつ明確な場合。
⑤個人のイメージが集団全体の現在の課題に最もよく適合している場合。

①〜⑤について、一つずつ検討していきたいと思います。

**①個人が感情的に爆発して抑制がきかない場合**

イメージアップをした場合、技法（例えば空の椅子などの投影的な手法ではよく起こるが）によっては感情的な反応や、過去の記憶想起からの反応といったことがしばしば起こります。こうした感情的な反応が出てきた場合、それを放置すると、グループ全体の反発を招くことが起こりやすいので気をつけるべきです。ただし、すべて感情的な反応を起こしている人を選べばよいかというと、そういうものでもありません。特にアクト・ハンガー[*2]と呼ばれるような種類の患者の場合には十分な注意が必要です。

**②個人が心的外傷となるような事態を経験している場合**

主役候補となりうるのは心的外傷体験を負った人々であり、いまだにその問題に決着がついていない、あるいはその問題のために苦しんでいる人々です。サイコドラマは起こった過去の事柄を舞台の上で再生して見せるという特性を持ちます。したがって、主役にとって未解決な過去の体験やトラウマを扱い、未解決な課題（通常 unfinished business と称される）に対して、今、ここで、新たに立ち向かうための方法論でもあります（ただしこの場合でもあまり直近の体験の場合には避けるほうがよいこともある）。

**③個人が孤立したイメージや被害的なイメージ、死のイメージを出してきた場合**

例えば、死別した相手に生前には言えなかった思いを伝えるという方法は、しばしばサイコドラマで行われる技法ですが、これは残された思いを解消して主役をより自由に生きられるようにするためのよい方法でもあります。ただしこの場合、直近の外傷体験を扱うのは、主役にとって逆につらさを増す場合もあるので、その点は十分な配慮がなされ、主役の同意が必要となることはいうまでもありません。

主役候補によるイメージアップの内容に問題があると予想される場合、その候補を主役とする必要があります。特にそれは出してくる内容が悲惨であったり、孤立感に溢れていたり、死や破壊のイメージでいっぱいの場合です。人間は通常イメージアップを行う場合、多少は他人の存在を意識して神経症的なメカニズム（具体的には抑圧の多用）を利用して、象徴的な形、よりマイルドな形でイメージを表したり、あるいは表明を避けてしまいます。

そういう意味では、イメージアップができないという場合は、そのような抑圧のメカニズムが働いていると捉えることができます。

したがって、逆に生々しいイメージや攻撃的なイメージが出現する場合は、その個人がビオンのいう「β要素」を放出していると捉えるべきです。そのようなとき、その個人の集団内の現状における対象関係は、低水準にあると理解されます。ビオンの主張では（Bion 1961）、個人の対象関係水準は集団全体の対象関係水準を引き下げ、集団を作業集団から基底的想定集団にしてしまうので、その個人を主役とし、その個人の問題の解決と対象関係水準の改善とを図ることは、集団全体を作業集団に戻すために必要不可欠な作業となります。

＊2　アクト・ハンガーとはA・ブラットナーによって提唱された概念である。この種の患者は自己中心的で、自己愛的であり、主役となることでグループ全体からの支持と賞賛を得られることを目的として主役となるが、自分の問題を解決することを目的としていない。したがってアクト・ハンガーの患者を主役にしても何も得るところがないことになる。

また孤立したイメージや周囲に人の気配がない場合も、統合失調病質（schizoid）な対象関係を連想させるため、問題としなくてはなりません。例えば、「南の島で一人で海を前にくつろいでいる」といったイメージは、一見するとのんびりしたい気持ちを表現しているようにも見えますが、実際には、そこに他者からの引きこもり感情を見ることもできて、十分な注意を払ったインタビューが必要となります。

このような個々のケースの判断には、むしろ臨床家としてのこれまでの体験と訓練とが役立つものであって、サイコドラマの独自性といったものはあまり認められないことが多いものです。別の言い方をすれば、サイコドラマ独自の判断基準はなく、むしろ一般的な臨床的な感性、あるいは集団療法家としての感覚というものが、こうした主役を選択するときの監督《ディレクター》の助けとなることに留意する必要があります。この意味からもわれわれの所属する東京サイコドラマ協会（TPA）では、臨床家としての経験を、サイコドラマチストを目指す最終トレーニングであるスーパービジョン・グループの過程に参加する必要条件としています。

### ④個人のイメージが具体的かつ明確な場合

例として、「南の海」よりは「ハワイのオアフ島のワイキキビーチ」のほうがイメージがより明瞭です。イメージが明瞭であることは、その個人の中にはっきりとしたイメージがあり、ストーリーがあることを示しています。

つまり、一般的には主役へのウォーミングアップが高まっていることを示すものです。一般的には、と断ったのは、ある体験があまりにも圧倒的だった場合、そのイメージは明確になるのですが、それを話すだけで主役候補が満足してしまうような場合もあるからです。

例えば、実際にジョン・レノンに出会った人は、彼との出会いについて具体的なイメージを浮かべたら、その体験をサイコドラマで演じる主役になるかというと、なかなかそういうことはできなくて、むしろ話すだけで満足してしまうことが多いのです。

もちろんイメージがはっきりとしなくとも、主役希望を出すメンバーもいるでしょう。こうした場合は、イメージがあいまいなだけに、まずイメージと目的を明確にするようなインタビューが必要となるでしょう。

### ⑤個人のイメージが集団全体の現在の課題に最もよく適合している場合

最後に挙げておきたいのは、主役候補のイメージしたものが、現在のグループ全体のテーマを最もよく表現しているような場合です。この場合は、そうしたイメージを提出した人物を主役とすると、集団全体の共感が得られて、サイコドラマがうまくいきやすいです。

そもそも集団には集団としてのテーマと呼ぶべきものがあります。筆者はかねてから集団志向的なサイコドラマを標榜していますが、これは集団には集団としてのテーマがあり、そのテーマを最もよく具現化した主役が立ってドラマを行うと効果的であるという事実に基づいています。

例えば、グループのテーマ（それは必ずしも明示的となっていないことが多いが）が「別離の悲しみ」であった場合、主役がイメージアップしたものが親しい友人との別れであれば、集団全体の共感を得られて主役のみならず、グループが感動するようなすばらしいドラマを自然に作ることができます。

こうした現象を、集団における「つぼにはまる体験」と呼ぶことができますが、初心の監督《ディレクター》にとっては、つぼにはまる体験は監督《ディレクター》としての自信を深めてくれる重要な経験となりうるので、主役の語りにばかりとらわれず、集団全体としての方向性に注意を払い、集団全体のテーマを読み取るようにする努力が必要です。

## 2. ドラマタイゼーションないし劇化（エナクトメント）の段階

主役の選択が終わると、次の段階として生じてくるのが、劇化の段階です。劇化の段階で最も重要なことは、ウォーミングアップを下げないということです。これは主役のウォーミングアップも、集団全体のウォーミングアップも、さらには主役と補助自我との関係や主役と監督《ディレクター》との関係においてもすべてに当てはまります。クレイトンはその著作（Clayton 1992）で「ウォーミングアップは常に維持され、向上させられなくてはならない」と述べています。

### A ドラマの作り方の基礎

まず第一の劇化の段階はインタビューを行うことです。主役は主役となるときにウォーミングアップはしていますが、主役として自分の話を劇化するという事態にはまだまだウォーミングアップしていないことが多いです。

したがってドラマを作るためには、入念なウォーミングアップが必要です。具体的には、主役がどのような場面を想定しているのか、あるいはどのような場面から始めることが、主役のウォーミングアップを維持し高めていってくれるかをインタビューし、把握しなくてはなりません。またこのときに、できれば契約（62頁参照）をしていくことが望ましいです。この場合、次のように語りかけます。

「私たちはあなたの問題をこれから扱っていき、サイコドラマを作ります。そのときに何よりも重要なことは、私たちの間にある信頼関係であると思います。あなたは私という監督《ディレクター》を信頼してくださいますか」

「それでOKであれば、あなたのドラマを作っていきますが、そのときにこれだけは約束しておきたいのです。それは、あなたがこのドラマの主役であり、監督《ディレクター》である私はあなたの気持ちを何よりも尊重するということです。ですから、あなたには、たとえ私がどんな提案をしても、それを拒否する最後の決定権があります。あなたには、自分がしたくない場面は拒否する自由があります。この点は、よろしいですか」

これらに続いて、主役が思っていること、主役の心の痛み、何を目的とするつもりなのか、といったインタビューを行います。このインタビュー（通常、ファースト・インタビューと呼ばれる）は簡潔明瞭であり、なるべく短時間にして要領を得たものであることが望ましいとされます。オーストラリアでは、このことを“crisp and clear”といい、crisp とはてきぱきとしていること、clear は明瞭であることで、この両者がサイコドラマの進め方の基本であるとされます。

劇化における第二段階は、具体的な場面の作成です。デヴィッド・キッパーは場面を作るに当たって、まずジャーナリストとしての原則である「5W1Hの法則」を守らなくてはならない、と指摘しました（Kipper 1986）。イメージアップをする場合には、時間軸や空間軸、さらには人間と動物植物との垣根を自由に越えることができますが、場面を想起するときには、できる限り現実的な状況を作り上げ、状況を忠実に再現することが望ましいです。したがって、時間と空間を措定し、そこに関係して出現する人物を同定し、そこで起きる事柄がどのように起きるか、その目的は何かといったことを明確にしなくてはなりません。第一の場面は、同時に次の場面へのウォーミングアップでもあります。したがって、第一の場面を作る場合には、常にその先の展開を空想し、「夢想」（Bion 1984）[*3]しなくてはなりません。具体的には、何が主役にとって必要とされるかを、主役の立場を想像しつつ考え、空想する必要があるのです。

## B　シーンの変化

シーンができたからといって安心はできません。一度出来上がった場面はそのままでは将棋の千日手《せんにちて》と同じく、同じことの繰り返しになってしまう危険性があります。そういう点で場面は展開されなければなりませんが、何らかの理由によって主役が前に進めず、場面が展開しない状況を通常「スタック」と呼びます。スタックした場合は、単に場面が展開しないだけではありません。そのことは、観客にとって面白みがないばかりではなく、主役や集団そのもののウォーミングアップも下がってしまうので、避けなくてはならない事態です。

場面が展開しないスタックのときに用いられる方法としてはまず、以下の四つの方法が挙げられるでしょう。

（1）基本三技法の利用

（2）インタビューによる深化

（3）　反復強迫の活用〈spiral theory〈Goldman, E.E.〉の利用〉
（4）　身体的活動の利用によるカタルシス

以下、（1）～（4）について、それぞれ詳述していきたいと思います。

## （1）　基本三技法の利用

「困ったときのロール・リバーサル」という言葉があります。サイコドラマにおいてスタックしたときはまず何よりも視点を変えるという意味から、役割交換を行うことが有効な方法論です。先述のように、役割交換には五つの目的があります。

それらはそれぞれ、①状況を理解して再現すること、②相手の気持ちになって心を理解すること、③自己の感情の理解、④感情的な葛藤の統合、⑤自発性の発揮であり、その中でもリバースを行うことで、主役の自発性＝創造性が発揮されます。そうすることで、主役は場面を展開できるようになる（少なくともその可能性が大きくなる）のです。

この点はまた、その他の基本的三技法、すなわちミラー、ダブルを用いた場合も同様です。というのも、これらの三技法は各々が独自の特性を持つほかに、最も重要な基本的共通点として、自発性＝創造性を発揮するという点において同様の機能を示すからです。したがって、実際には役割交換がうまくいかずにスタッ

＊3　ビオンのいう夢想とは、早期母子関係において、母親が未言語状態の子供の泣き声などのサインに対して自動的に行う機能をいう。子供の言葉以前の欲求に対して、あれかこれかを想像していく機能である。この機能は母親が自己のα機能を発揮していくために必要不可欠なものである。

く、したままの場合は、ミラーを用いて自己の状態を客観視させることが重要な契機となりうるし、あるいはダブルをつけて、安心できる環境で過去を振り返ることが有効である場合もあるからです。

## （2）インタビューによる深化

インタビューはウォーミングアップにおいても重視されますが、シーンを作る際も、またシーンを変化させるうえで重要な位置を占めます。そして、どのようにインタビューをするかが重要になります。インタビューにおいて大切なことは、変な話かもしれませんが、まずあらゆることに疑問を抱くことです。われわれはしばしば相手の語る内容を無批判に受け入れて、納得してしまいがちです。しかし監督《ディレクター》にとって最も重要なことは、相手の言説に対して、無制限の疑いを抱くことです。

それはある意味では、主役と監督《ディレクター》との違い（すなわち自我境界の存在）を明確化することであり、そうして初めて両者の相互理解が進むからです。言わないでも分かるという世界は幻想的な世界であり、ラカンが指摘したように（Lacan 1998）、われわれは去勢されることによって初めて言説を獲得します。

したがって深い言説を獲得するには、監督《ディレクター》と主役である自分とは別個の人格であるという、心の痛む現実に主役を直面させることです。それは、監督《ディレクター》のインタビューに初めて真剣に答える経験となるでしょう。このことを通常「分からないことがあれば主役に聞け！」とわれわれは教えています。自分にとって了解できないことは主役に率直に聞けばよいし、それをたずねることでむしろ主役の中に様々なイメージが生まれてくるからです。では、実際にインタビューにおいて問うべきことは何であり、どんな順番でそれをたずねるべきでしょうか。そこで、以下に述べていくシステムとしての見方が重要となってきます。

第2章で述べたように、主役は個人としてソーシャル・アトムとカルチュラル・アトムからなるシステムです（51〜53頁）。ソシオメトリーの焦点でもあり、ロール・システムとしても成り立っています。こうした様々なシステムの交点上に個人を捉えてみるときに、インタビューが、現実の問題と関わるシステムの現状を明確にするために行われます。

例えば、職場における人間関係が問題である場合は、職場におけるソーシャル・アトムと、ソシオメトリーをインタビューで明らかにする必要が生じるでしょうし、自分の中に内在化された両親の影響を使うならば、個人のカルチュラル・アトムとロール・システムとがインタビューの対象となります。最も大切なことは、最初のシーンに関連した順番にしたがってインタビューをしていくことです。

ところで、いまひとつ大切なこととして、インタビューにおける問い方の問題があります。インタビューは物事を明らかにするために行うことですが、しばしば主役の真実は幼いころの隠蔽記憶（Freud 1899）と関連しています。したがって、忘却の陰に隠れてしまい、現れてこない場合があります。しかし、そうした記憶の痕跡は個人の行動面において、しばしば何気ない動作として反復されることがあります。フロイトはそうした事例を「日常性の錯誤とその心理学的意味」（Freud 1904）という概念として明確化しました。この概念は現在のサイコドラマの監督《ディレクター》にとっても大事です。

インタビューにおいて、主役がある事実について何も思い出せないことがあるというときに、しばしば無意味な行動として何か小さな動作をすることがあります。その動作について問うことによって、隠蔽記憶が明らかになることもしばしばです。

例えば、ある主役は恐怖感とともに悪夢を見たことを報告しましたが、その内容は思い出せませんでした。そのときに主役は小さく震えていましたが、そのことについて聞いてみると、主役は震えていることを意識していませんでした。主役がおびえているように思えますが、と聞いてみたところ、主役は3〜4歳ごろに父母がひどい夫婦喧嘩をしていたことを想起しました。そこで監督《ディレクター》はその場面を作ることを提案したのです。

## （3） 反復強迫の活用（spiral theory〈Goldman, E.E.〉の利用）

フロイトは「想起、反復、徹底操作」（1914）の論文において、個人が転移状況において、小児時代に持っていた人間関係のパターンを反復すると指摘しています。この反復強迫の概念は、特にサイコドラマのシーンの転換において重要です。主役がスタックしたときにそこで演じられている繰り返しは、しばしば主役が陥っている対象関係の反復の結果です。この視点があると、そのことを話題にすることによって、主役の意識を変化させることができます。例えば以下のような事例です。

主役：私はいつも肝心なときになると、失敗をしてしまう癖があります。
監督：なるほど、肝心なときに失敗することを繰り返しているとおっしゃる。
主役：そうですね。先日もせっかく準備したプレゼンテーション資料を入れたメモリスティックを会社に置き忘れてしまって取引先で立ち往生しました。
監督：そういうことが昔からよくあるとおっしゃる。
主役：はいそうですね。
監督：いつごろからですか。
主役：一番印象に残っているのは中学生のときです。
監督：その場面をやってみましょうか。

主役：はい、お願いします。

このような場合です。ここでは監督《ディレクター》は反復強迫という事実に注目することで、主役の場面を展開させています。この考え方をより発展させたのが、ゴールドマンの「螺旋《らせん》理論」(spiral theory, Goldman & Morrison 1984) です。この考え方は簡単で、場面は最初最も近い過去から発し、徐々に過去にさかのぼり、ついには体験の根本にある核心となる体験にまで至るというやり方です。徐々に主役の過去へと進むことから「螺旋《らせん》理論」と名づけられています。この方法論の優れている点は、組織的に場面を展開できるという点であり、しかもその展開を、最終的には螺旋《らせん》を戻ってくるという形で、現実に容易に戻せるという点です。

### (4) 身体的活動の利用によるカタルシス

これについては、カタルシス全般に属する考え方なので、カタルシス全般について、改めて論じていくことにしたいと思います。

## C カタルシス

場面を展開していくと、主役の根本的な問題が見えてきます。それは反復強迫であったり、不決断であったり、かつての外傷体験へのこだわりであったり、その他いろいろな状況で、主役は人生においてスタック、、、、してしまい、にっちもさっちもいかない状況に落としこめられています。

こうした状況を改善するためには、主役の自発性が最大に発揮される状態が起きてこなくてはならないでしょう。そうした状態は、個人にとっては認知の枠組みを再編成し、エネルギーを最大限に発揮した結果ともなります。こうした状態は感情的な発散が起こり、情動の強い解放が見られます。これが通常「カタルシス」と呼ばれるものです。

カタルシスは情緒的反応であり、「浄化」と翻訳されるように、しばしば複雑な感情が解消して安定を得るという体験をもたらし、古くから演劇のみならず、宗教的体験においても中心的な地位を占めるものとして理解されてきました。催眠療法におけるカタルシスは「催眠」という被暗示性の高まった状況において、与えられる暗示が葛藤の解決をもたらす場合に起こるものであるとされ、後年フロイトの精神分析技法の根拠の一つとなったことはよく知られています。

演劇においてもカタルシスは、単に演じる人物たち（俳優）のカタルシスとなるばかりではなく、むしろ観客にとって精神的な解放と安堵とを得させてくれる体験となることはつとに有名です。このことが、かつては演劇が「神」の領域に属するものであった一つの理由となりました。それほどカタルシスが集団に与える効果は大きいのです。

サイコドラマにおけるカタルシスはしかし、このような演劇におけるカタルシスとは若干異なっています。その違いはカタルシスが計算されないという点にあります。自発性の訳語に「自由」という意味が含まれていることを指摘したのは、深山富男（一九九九）の卓見ですが、自発性は自由であり、したがって自発性の発揮は計算することができないところに特色があります。計算可能なものであれば統制が可能であり、それは自発的ではないことになります。したがって自発性の発揮であるカタルシスは、このように計算不能であるところに特色があり、ゆえに突発的に表現されることとなります。

## （1）監督《ディレクター》の「不足感」――システム不完全性に対する三つのアプローチ

場面を展開していくとそのうちに状況が煮詰まってきてスタックしそうになる瞬間が訪れます。このときに監督《ディレクター》にとって大切な感覚となるのが「不足感」です。それはシステム論的に主役の世界とソーシャル・アトム、カルチュラル・アトム、ソシオメトリックな関係性、ロール・システムを眺めているときに監督《ディレクター》に生じてくる特別な感覚であり、その不足感こそがシステムの不完全性を示し、その点に対する改善のアプローチを促してくれるのです。実際におけるこのプロセスは、以下の三段階で進められます。

①アセスメント
↓
②その結果に基づいての危機状況の作成
↓
③カタルシスの醸成とシェアリング

### ①アセスメント

これはまず第一に大切な事柄です。場面を展開して作り上げるときに、監督《ディレクター》は常にアセスメントを行っていなければなりません。このアセスメントは、①システムとしての主役個人のアセスメント（ロール・アナリシスを含む）、②ソシオメトリックな他者との関係性のアセスメント（ソーシャル・アトムとカルチュラル・アトムのアセスメントを含む）、③その個人と取り巻く状況との総体的なシステムとしてのアセスメントの三つから構成されています。

このとき、重要な点は、まずそのシステムが完璧ではないこと、何らかの欠点を抱えているという事実に気がつくことです。どれほど幸せな人物のソーシャル・アトムであっても、必ずそこにはその幸福をそねむ他者が、残念ながら存在しているのが事実でしょう。したがってわれわれは、ある他者のアセスメントを行うときに、まずその人物のシステムにおける欠如、欠けている点に注目すべきです。これが先に述べた監督《ディレクター》の「不足感」にもなってきます。

**②アセスメントの結果に基づいた危機状況の作成**

この欠如が発見された場合、それを基にして危機状況を醸成することになります。

この過程をよく示してくれる最も重要な例は、実はシェイクスピアによる悲劇『オセロ』です。この劇では、愛する妻デスデモーナがおり、カルタゴの将軍として名声に溢れるオセロが、部下イアゴーの謀略によって、妻を殺し、自らも自死するという悲劇に追い込まれます。このときにオセロをこの悲劇に駆り立てるものは、自らの出自（ヌビアの出身で肌の色が黒い）による被差別感情という負の要素でした。この負の要素を扱うことで危機が醸成されます。こうして自発性は発揮されぬまま、危機によって、誤った解決として妻殺しが選択されます。

これが悲劇となるのは、オセロが孤立して一人で決断を下さねばならなかったからです。もしもオセロが集団において存在したら、具体的には彼の肌の黒さという「負」（劇中ではそうされていることに注意）の要因を共有する仲間に恵まれたら、こうした悲劇は生じなかったでしょう。

この事実と結論は、サイコドラマが集団としての機能を発揮するゆえに健康的であること、そして自発性を安全に創造的な方向に発動させてくれること、孤立した個人の決断はしばしば誤った方向に導くということを示してくれています。ここにサイコドラマを集団でやることの大きな意義があることはいうまでもありません。

いまひとつの意義は、危機状況が常に自発性＝創造性を発揮させてくれる要因となるわけではなく、場合によっては破壊性を発揮するということです。われわれに悲劇として感得させられるのは、本来、創造的に振る舞われるべき自発性のエネルギーが、誤って破壊的な方向に利用されたという事実にあります。われわれにはその事実を悲劇として、避けられるものが避けられなかった悲しみとして感じ取られるのです。このように危機感の醸成と自発性＝創造性の発揮とは必要条件の関係にあるといえます。

では、こうして危機が醸成され、どのようにして創造的なカタルシスが得られるのでしょうか。次に詳細を述べることにします。

**③カタルシスの醸成とシェアリング**

危機が醸成されるとき、そこでは自発性が発揮されます。自発性の発揮は、集団の理解と共感によって、破壊的なものとはならずに、創造的な過程をたどります。このときに大切なことは以下のことです。

- カタルシスは必ずしも起こらなくともよいのです。場合によっては、認知の枠組みが単に変更されるような場合であっても、それはそれで効果的です。
- カタルシスは起こればよいというものではありません。むしろカタルシスの後、それを主役の中でどのように統合していくかを考えなくてはなりません。このためには主役とそれを取り巻くソーシャル・アトム、およびカルチュラル・アトムをシステムとして、しっかりと理解する必要があります。

- カタルシスが起こった後、通常は何らかの統合のための場面を必要とします。しばしばこの目的で、主役のロール・システムがどのように変更したかを最初の場面に戻って確認する技法が使われます。しかしこのイニシャルシーン（最初の場面）に戻る技法は、必ずしも常にその通りでなくともよいものです。
- カタルシスは必ずしも得られるものとは限りません。したがって、カタルシスが得られない場合どうするかが、次の課題となります。
- カタルシスが得られない場合、まず第一に疑うべきなのは、主役の世界から離れた事実がないかどうかということです。
- 次に考えられることは、主役が感情表現に慣れていない場合です。主役が感情表出を抑圧すると、カタルシスが起こりにくいです。
- 第三の可能性としては集団から離れてしまっている場合です。主役にとって集団のサポートが欠けていると、カタルシスには到達しにくいです。

このように、カタルシスにいたらない場合の対処としてはいくつかの方法論があります。一つは心理教育的手段を講じて、主役の認知システムの変更を図ることです。しばしば、主役がスタックした場合、グループに自分が同じ体験をしたことがないかどうかを問うという方法が用いられます。これは認知システムの変更を促すためのものであり、この方法を大々的に採用しているのが、社会技能訓練（ＳＳＴ）です。したがって、社会技能訓練では対象が慢性の統合失調症者ということもありますが、カタルシスを目指さないのが原則となります。

### （2）カタルシスを「横に広げる」方法

次にもう一つの方法としては、主役のロール・システムにおいて、欠如したり未発達であったりする役割《ロール》がある場合に、その役割《ロール》に焦点を当てて、その役割《ロール》を育てるという方法があります。これを、筆者は過去にさかのぼってカタルシスを得る方法に対置して、「横に広げる方法」と呼び習わすことにしています。

主役のロール・システムはしばしばスタックした状態にあり、しかもそれが長い間に複雑に絡み合って、過去の体験を再体験し、新たに出発するということができない場合があります。例えば主役は、かつて厳しかった父にしつけられて、今ではそれが当たり前となってしまい、それが父の影響とは気づかないほどに自分にとって身近となっている場合があります。このような場合に、かつての体験を振り返ることはできても、厳しい超自我があまりに身近でありすぎるために、対立すべき相手は父親ではなくて自分自身であるという体験となってきます。

こうした場合、いくら父親との対決の場面を作っても、主役は問題がむしろ自分自身であることに気がついており、解決には至りません。こうした場合にはロール・アナリシスによって、自己に対して許容的な役割《ロール》が欠如していることが理解されます。かつて強大な父に押しつぶされて、それに適応することで、自己の内部に取り入れられた強大でサディスティックな超自我は、自己と同一化することによってその脅威を減じることができます。

しかし、こうなると、自己は常に強大な超自我に責め苛まれていることになります。こうした場合には修正感情体験[*4]として超自我が和らげられても、一体化して自己の一部に組み込まれた超自我が自己を責め苛むことになります。こうした状況において必要な役割《ロール》は、幼い自己を守り育む役割《ロール》であり、それは自己の内部から生まれてくる必要があります。こうしたときによく採られる方法は、自己の身体的役割《ロール》をウォーミングアップして（具体的には走り回らせたり、スポーツをさせたり、大声を出させる練習をする）、全体としての自発性＝創造性の発揮を行えるようにするものです。具体的には、「私は悪くない。私は負けない」といったせりふを走りながら連呼して、身体的役割《ロール》レベルで新しい役割《ロール》へとウォーミングアップを行うのです。

特に相手が統合失調症のような病理の深い患者の場合、まずやるべきことは、彼らの認知のゆがみを修正することであり、その後に一般の人々（あるいは非病理的な人々といってもよいが）と同様に、自発性の発揮によるカタルシスが目指されるべきです。台《うてな》利夫（一九八四）は慢性統合失調症の患者には古典的なサイコドラマは行えないと主張しましたが、必ずしもこれは正しいとはいえません。

このことについて、詳述したいと思います。確かに臨床的な知見からすると、統合失調症患者に対して、安易にサイコドラマを行うことは困難があります。特に慢性の患者たちは、病理による陰性症状と[*5]「ホスピタリゼーション（hospitalization. 病院慣れ）」（Goffman 1961）[*6]の結果として、自発性の次元は低下し、自己表現は抑制され、感情の発露はすぐに「病状の悪化」に直結すると評価されてしまうことになるのは事実でしょう。

しかし、かつてモレノは、自分をガンマンの「ビリー・ザ・キッド」だと誇大妄想を抱いた患者に対し、病院全体を西部劇のＯＫ牧場にして対処しました。またアメリカにおいても、先に引用したゴールドマンは、ダブルとして訓練したスタッフを活用することで、慢性患者の自発性を安全に引き出す方法を確立しました。

筆者もまた「間接的なアプローチ」の有効性を実証しています。これらは必ずしも台の主張が正しいとはいえず、何らかの手法を用いることで、カタルシスを喚起するようなサイコドラマも慢性統合失調症の患者に適用可能であることを示しているといえるでしょう。

ただし、台の主張の正しさは、何らかの第一段のステップや、ダブルの活用といった強力な補助的な働きかけが必要であるという点にあります。その意味では、筆者自身の経験も、単に間接的なアプローチのみではなく、認知的なアプローチをして、認知を修正することが前提となるという方向へと変化しています。

具体的には例えば、患者が被害妄想的なことを言い出したとしましょう。それを否定したり、その内容を取り上げなかったりするのではなく、取り上げて実際に再現してみるところまではモレノと同様です。しかしこうしたときに役割交換はなかなかできないし、主役も拒否することが多いです。

そこで、まず主役にミラーとなってもらい、やり取りを外から客観的に眺めてもらうようにします。そうすると、主役はより客観的になり、自分の思い込みに気がつきやすくなります。このことは、主役の認知の枠組みを変更することで、主役のロール・システムに変化を及ぼすことができることを指します。

このほかにも横に広げる方法としては、ロール・システム内を様々に体験するというやり方があります。これは他者の役割《ロール》になると、自己の役割《ロール》から離れて、認知が若干変化してくるという事実に基づいています。*7

*4（前々頁）アレキサンダー（Alexander 1948）により提唱された精神分析の概念である。患者が幼時に親との間で体験したものを、治療者 - 患者関係の中で修正し得るとするものである。
*5 統合失調症には幻覚や妄想といった陽性症状と呼ばれる明らかな病的症状のほかに、意欲の低下や無為、身体的なだるさといった、一見すると病的とはいえないような症状が必発である。これらを陰性症状と呼ぶ。
*6 ゴフマン（Goffman E.）はアメリカの社会学者である。彼は精神病院での入院患者の研究から、多くの患者が病理的な症状ではなく、病院に入院した結果として起きてくる絶望感などから生じる行動の問題点を挙げて、入院の実情を指摘した。
*7 そうでなければ役割交換はできないはずである。実際、ある種の強迫的傾向のある患者は役割交換ができず、その点では役割交換ができるかどうかは、人格の柔軟性を測定するよい手段となりうる。ただし人格の柔軟性と人格の病理性とは必ずしも反比例するものではない。

こうした方法では、主役と主要な補助自我とのやり取りがスタックして、いわゆる「千日手《せんにちて》」に陥った場合、それを第三者やその他の人の視点（あるいは、場合によっては、そこにずっと存在してきた「もの」の視点）から見てみると、また結果が変わってくるというサイコドラマ的事実に基づいています。

このように、カタルシスに至る場合も至らない場合もありますが、最も大切なことは、主役個人のロール・システムに変化が起き、自己を含めた世界認知が変更されるということにあることはいうまでもありません。そしてサイコドラマがカタルシスで終わるのではないことは、サイコドラマの第三段階であるシェアリングのプロセスの存在によって明らかとなります。

## 3．シェアリングの段階

「シェアリング」とは何でしょうか。かつて迎《むかい》孝久（一九七三）はサイコドラマを三層に分け、その第三層として「感想、解釈」を入れていました。それとシェアリングとの異同はどのように考えられるでしょうか。一九八一年にザーカが来日するまで、シェアリングが日本で論じられることはありませんでした。もちろん、集団療法が終了してから感想や講評はあったものの、シェアリングにどのような意味があるかについて正規に語ったのは唯一迎《むかい》のみで、彼は精神分析的な立場から、主役の家族との関係性について解説し、心理教育を施す場として第三層を把握していたように思われます。[*8] しかし「これが集団としての重要なプロセスであって、集団治療としての意味がこのシェアリングにこそ含まれる」と言い切ったのはザーカが初めてではないでしょうか。

改めて、「シェアリング」とは何でしょうか。モレノの著書『サイコドラマ』第一巻（二〇〇六）においても、またJ・フォックスによって編纂された『エッセンシャル・モレノ』（二〇〇〇）においても、シェアリングという用語は用いられていません。したがって、シェアリングがモレノ以降に発展した概念であることは明白です。イギリスのサイコドラマチスト、マーシャ・カープは、シェアリングについて「シェアリングはグループのカタルシスと統合の為の時間である」と語っています（Karp 1998）。

またザーカは一九八一年の来日の折に、シェアリングが集団精神療法としてのサイコドラマを位置づけるものであると強調しましたが、ここで確認しておきたいのは、シェアリングは単なる感想を述べ合うものではないということです。感想を述べることは無駄ではないし、意味のあることではあるでしょう。したがって、例えばトレーニングのためのグループ・セッションにおいて、セッション後レビューの時間を設けて、そこでプロセスの説明を行い、技法についての質疑応答を行うとともに、参加者の感想を求めるというようなことがあるのはまったく問題ではないでしょう。

しかしここでわれわれが述べるシェアリングとは、感想を言うことでもなければ、ましてや主役に対して指示や指導をするためのものでもありません。ザーカは来日の折に、シェアリングの時間に主役に質問をしたり、批評をしたりするメンバーに対しては、「それはシェアリングではない」とたしなめていました。そしてザーカは、「シェアリングとは主役の示した世界に、参加したメンバーがそれによって引き起こされた自己の感情を披露するものである。したがって、主役に対する批評や助言とはなりえないものである」と指導していたのです。

＊8　これは筆者自身が迎のセッションに参加した際に、直接に彼から聴取したことであり、必ずしも彼の本意ではないかもしれないことはお断りしておく。

ここには集団の参加者の基本的な平等感というものがあることに注意しましょう。集団の参加者は基本的に平等であり、指導者－被指導者の区別はないはずです。もしも参加者が主役に助言をしたり、ましてや指導をしたりすることがあるとすれば、その集団は基本的に平等なものではないということになります。したがって、シェアリングにおいては、基本的に助言や指導や質問は禁忌であるということになります。しかしながら、われわれは時にパターナリズム[*9]というべき病いに冒されることがあることは十分に注意しなくてはなりません。ついつい気がつかず、相手の人生そのものを、(誤った認知も含めて)あるがままに受け入れるのではなく、相手の人生を高所から、「こうあるべきもの」「こうあることが正しいもの」と指導したくなるのです。このことは十分に自らを戒めなくてはなりません。

では、実際にこういう事態が起こった場合、どのように対処すべきでしょうか。まず第一に、監督《ディレクター》は主役を守らなければなりません。だからといって、単にメンバーをたしなめればそれでよいというものではありません。もしもそうしてしまうと、監督《ディレクター》はグループと初めに交わした約束とは違って、グループ内での発言は自由であるという取り決めを破ることになり、グループの独裁者として支配することになってしまいます。その結果、グループは、監督《ディレクター》の意のままになる依存的基底的想定集団となってしまいます(このような病理的集団が真実を追究することはできなくなってしまう)。

それでは、どのようにするのがよいでしょうか。まず、批判や解釈を述べるメンバーを制止する必要があります。これは、主役を守るために最低限必要なことです。次に、メンバーにシェアリングの原則を言い聞かせます。きちんとしたシェアリングができる方向へとメンバーを導いていく必要があります。具体的には、メンバーに同じ体験をしたことがあるのかどうか、あるいは自分自身の体験について語るように頼むということも必要となります。

また、より間接的な言い方としては「あなたは」ではなく、「私は」という言葉でシェアリングを始めるように、と示唆を行うことも効果があります。あるいは「あなたの質問は主役にとっても役に立つと思います。しかしそれはもっと後の段階でやっていただきたいのです」と指示するというやり方もあります。集団に所属するメンバーには、感情的に関与するのではなく、知識として得るために、知的にのみ参加することで安心しようとするメンバーも多くいます。こうしたメンバーに対しては、「ロール・フィードバック」をシェアリングの後で行うことも有効です。

ロール・フィードバックとは、補助自我を務めたメンバーから、補助自我の役割《ロール》を取っていて感じた体験について、主役とグループとにフィードバックを行わせる方法です。ロール・フィードバックは、補助自我の感情を解放するうえで役立つし、また主役に対して情緒的にではなく、知的に関わろうとするメンバーにとっては、自己の感情に気がつくよい機会となるからです。

またシェアリングが終わった後には、グループで起こったことを知的に理解して、自己の精神的な動揺を収めるためにレビュー（振り返り）を行うこともしばしばです。あるいはグループからレビューを求められることもあります。そのような場合は、主役にレビューに参加するかどうかを確かめ、場合によってはつらい体験ともなりうることを警告したうえで、レビューを行うことも有効です。

なぜつらい体験となるかといえば、主役は主役のできる限りの力を発揮して、苦闘し苦悶して決断を下すので、その時点では主役にとってはそれが最善と思われているのです。それを客観的な立場から反省し、もっとほかの働きかけがあったのではないかという問いかけそのものが、主役にとっては自己を理解されない

＊9　パターナリズムは通常家父長制とか父親的温情主義と訳される。しかしこれは本来は「余計なおせっかい」とでも訳すべきものである。

体験ともなりうるからです。逆にいえば、主役の状況に共感したメンバーは、シェアリングを行えますが、主役に共鳴して自らの感情が揺さぶられる体験をしたようなメンバーは、時に主役の行動を知的に理解することで、自己の感情的な動揺を鎮めようとすることがあるからです。

以上のような三段階をたどってサイコドラマは行われます。このような課程をしっかりと身につけて実践にはいってください。

# あとがき

磯田雄二郎

本書の校正作業中に、恩師Ｇ・マックス・クレイトン博士の訃報に接しました。病いを抱えながらも来日を繰り返され、私どもに多くの示唆と教えを賜ったことはどれほど感謝してもし足りないものがあります。博士は何も知らぬ著者にＡＮＺＰＡ（現ＡＡＮＺＰＡ）のシステムについて懇切丁寧に説明をしてくださり、著者のプライマリ・トレーナー（Primary Trainer）となってくださり、サイコドラマチストとしての資格取得のためにご尽力くださいました。その恩義は単に著者個人のみではなく、その後の来日による研修会体験も含めて、わが国におけるサイコドラマの発展と確立に大きな功績を示されたといっても過言ではありません。ここに不肖の弟子ながら心からの感謝の意を表してご冥福を祈りたいと思います。

ところで、本書の利用の仕方ですが、本書では理論的な説明ばかりではなく、各所に簡単なエクササイズを入れました。各人の学習の一助ともなればと考えてのことです。但し、ひとつだけ注意をしておかねばならないことがあります。サイコドラマの学習にあっては長時間の体験による学習が欠かせません。したがって、たとえどれほど眼光紙背に徹するような読み方をされる賢明な読者であっても、本書を読んだだけでサイコドラマの実践をしてはなりません。それはとても危険なことだからです。

著者らは現在、東京サイコドラマ協会（以下、ＴＰＡ）を結成して、組織的な研修教育を行うようにしています。したがって、学習希望の方はどうかＴＰＡの構成メンバーの研修会で、サイコドラマを学んでいただきたいと思います。なお、TPAのホームページのアドレスは以下のとおりです（www.tokyo-psychodrama.org/index2.htm）。

著者が望むのは、この特殊な技法が少しでも多くの方々に知られて興味を持っていただくことにあります。そのためにつたない筆を汚しています。なかでも、編集部の松山由理子さんにはこの本の企画段階から筆者自身の怠慢もあって多くのご迷惑をおかけしたが、ここまでこぎ着けたことに心から感謝したいと思います。また筆者がTPAを創設するまで、そして創設後も、惜しみなく協力してくださったTPAの仲間たちにも感謝をしたいと思います。更に、筆者をこの道に導いてくださった、永遠の「少年」（ごめんなさい）増野肇先生にも感謝をいたします。また、磯田由美子さんには本当にお世話になってきたことを感謝したいし、どれほど感謝してもし足りないと思っております。最後に、本著作は父（圭二）と母（あさ）とに捧げたいと思います。あなた方の子供として生まれたことを誇りに思い、心から感謝しております。

# 文　献


・Alexander, F. (1948) *Fundamentals of Psychoanalysis*. WW Norton.〔加藤正明・加藤浩一訳『現代の精神分析』筑摩書房、一九五三年〕。

・Anzieu, D. (1985) *Le Moi-peau*. Paris: Dunod.〔福田素子訳『皮膚―自我』言叢社、一九九三年〕。

・アンジュー・D著、篠田勝郎訳『分析的心理劇』牧書店、一九六五年。

・ANZPA (2004) *Psychodrama Training Manual*. ANZPA Publishing.

・Battegay, R. (1972) Individual psychotherapy and group psychotherapy as single treatment methods and in combination. *Acta Psychiatrica Scandinavia*. **48**, 43-48.

・Bernard, H. S. & Drob, S. (1985) The experience of patients in conjoint group and individual psychotherapy, *International Journal of Group Psychotherapy*. **35** (1), 129-145.

・Bion, W. R. (1961) *Experiences in Groups and Other Papers*. London: Tavistock Press.〔池田数好訳『集団精神療法の基礎』岩崎学術出版社、一九七三年〕。

・Bion, W. R. (1984) *Learning from Experience*. Maresfield reprints.

・Blatner, A. (1973) *Acting-in: Practical Applications of Psychodramatic Methods*. Springer Publishing.〔松村康平監訳『アクティング－イン――サイコドラマの方法の実践的な活用』関係学研究所、一九八七年〕。

・Blatner, A. (1988) *Foundations of Psychodrama: History, Theory & Practice*. N. Y.: Springer Publications.

・Breuer, J. & Freud, S. (1895) *Studien uber Hysterie*. F. Deuticke.〔フロイド・S著、懸田克躬訳「ヒステリー研究」懸田克躬・小此木啓吾他訳『ヒステリー研究他』人文書院、一九七四年〕。

・Clayton, G. M. (1994) Role theory and its applicatuin in clinical practice. In Holmes, P., Karp, M., & Watson, M. (eds.) *Psychodrama since Moreno*. London: Routledge.

・Clayton, G. M. (1992) *Enhancing Life and Relationships: A Role Training Manual*. ICA Press.

・Freud, S. (1899) Screen Memories. *Standard Edition*. Hogarth Press. Vol. 3, p. 301.

・Freud, S. (1904) Zur psychopathologie des alltagsleben. Monatsshift fur Psychiatrie und Neurologie vol. 10, No. 1 & 2.〔懸田克躬他訳『日常生活の

精神病理学他』人文書院、一九七〇年〕。

・Freud, S. (1914) Erinnern, wiederhoken und durcharbeiten. *Standard Edition.* Hogarth Press. vol. 10, pp. 145-156.〔井村恒郎・小此木啓吾他訳『自我論・不安本能論』人文書院、一九七〇年〕。

・フロイト・S著、小此木啓吾訳『集団心理学と自我の分析　フロイト著作集6巻』人文書院、一九七〇年。

・フォックス・J著、磯田雄二郎監訳、横山太範訳『エッセンシャル・モレノ』金剛出版、二〇〇〇年。

・Fromm-Reichmann, F. (1950) *Principles of Intensive Psychotherapy.* Chicago: The University of Chicago Press.〔阪本健二訳『積極的心理療法』誠信書房、一九六四年〕。

・深山富男「サイコドラマと私」『心理劇』四巻、巻頭言、一九九九年。

・Goffman, E. (1961) *Asylums: Essays on the Social Situation of Mental Patients and Other Inmates.* Double Day.〔石黒毅訳『アサイラム——施設被収容者の日常世界』誠信書房、一九八四年〕。

・Goldman, E. E. & Morrison, D. S. (1984) *Psychodrama: Experience and Process.* N. Y.: Kendall/Hunt Pub. Co.〔高良聖監訳『サイコドラマ——その体験と過程』金剛出版、二〇〇三年〕。

・Greenberg, I. A. (1974) *Psychodrama: Theory and Therapy.* N. Y.: Behavioral publications.

・Haskell, M. R. (1975) *Socioanalysis: Self Direction via Sociometry and Psychodrama.* Los Angels: Anderson, Ritchie & Simon.

・広田伊蘇夫「精神病院で考えたこと（その2）——治療者と病者の関係から」『精神医療』四巻三号、一九七五年、五四-五九頁。

・Holmes, P. (1992) *The Inner World Outside: Object Relations Therapy and Psychodrama.* Tavistock/Routledge.〔台利夫・小川俊樹・島谷まき子訳『心の世界と現実の世界の出会い——サイコドラマと対象関係論』ブレーン出版、一九九五年〕。

・Holmes, P., Karp, M. & Watson, M. (eds.) (1994) *Psychodrama since Moreno-Innovations in Theory and Practice.* London and N. Y.: Routledge.

・Hudgins, M. K. (2002) *Experiential Treatment for PTSD.* Springer publishing.

・茨木博子「分裂病者と心理劇——心理劇評価表作成の試み」『集団精神療法』一〇巻二号、一九九四年、一四一-一五〇頁。

・磯田雄二郎「アクショナルグループ」『精神療法』一〇巻三号、一九八四年、二一九-二二六頁。

・磯田雄二郎・磯田由美子「集団志向的なサイコドラマ」『集団精神療法』三巻二号、一九八七年、一六一-一六四頁。

・磯田雄二郎「ビオンと集団精神療法」『精神分析研究』三五巻三号、一九九一年、一九三-一九九頁。

・磯田雄二郎「集団精神療法とサイコドラマ」『日本精神病院協会雑誌』一三巻三号、一九九四年、二三-二八頁。

・磯田雄二郎「モレノ派サイコドラマ」山口隆・浅田護・菊地寿奈美編著『集団精神療法的アプローチ——治療集団と学習集団の続け方』集団精神療法叢書、一九九四年、三〇一-三一二頁。

・磯田雄二郎「集団精神療法総論――絡み合う三筋の糸、Moreno, Slavson, Bion」『集団精神療法』一一巻二号、一九九五年、一〇三-一一一頁。
・磯田雄二郎「サイコドラマの基本文献」『集団精神療法』一二巻二号、一九九六年、一五七-一六八頁。
・磯田雄二郎・磯田由美子「サイコドラマのグループプロセスの研究（1）――多国籍グループに見られた特色」『心理劇』一巻一号、一九九六年、一七-二四頁。
・磯田雄二郎「多重人格障害の治療のストラテジー」『精神科治療学』一二巻一〇号、一九九七年、一一五六-一一六七頁。
・磯田雄二郎「サイコドラマの研修システム」『集団精神療法』一四巻二号、一九九八年、一三三-一三七頁。
・磯田雄二郎「多重人格（解離性同一性障害）」松下正明総編集『臨床精神医学講座　第7巻　人格障害』中山書店、一九九八年、二〇一-二一一頁。
・磯田雄二郎「集団精神療法」松下正明総編集『臨床精神医学講座　第20巻　精神科リハビリテーション』中山書店、一九九九年、一七一-一八一頁。
・磯田雄二郎「サイコドラマ」『臨床精神医学』29巻増刊号、二〇〇〇年、二六五-二六八頁。
・磯田雄二郎「モレノ派サイコドラマの立場から」『心理劇』二〇〇〇年、五巻一号、一五-一九頁。
・Isoda, Y. (2000) The narcissistic role system: A new concept of systemic role theory. *ANZPA Journal*, 9, 37-43.
・磯田雄二郎「集団精神療法と個人精神療法との併用の実践的研究」『静岡大学人文論集』五一巻二号、二〇〇一年、三三-四五頁。
・磯田雄二郎「集団精神療法について」『精神科臨床サービス』三巻一号、二〇〇三年、二九-三四頁。
・磯田雄二郎「治療の場における集団の生かし方」『精神科臨床サービス』三巻二号、二〇〇三年、一四六-一五〇頁。
・磯田雄二郎「教育場面における集団の利用」『精神科臨床サービス』三巻三号、二〇〇三年、二一九-二二三頁。
・磯田雄二郎「精神療法と看護との重なりとは」『精神看護』六巻三号、二〇〇三年、一四-一九頁。
・磯田雄二郎「J・L・モレノ『サイコドラマ』」福本修・斎藤環編『精神医学の名著50』平凡社、二〇〇三年、四八六-四九五頁。
・磯田雄二郎「M・パインズ『循環的な反射』」福本修・斎藤環編『精神医学の名著50』平凡社、二〇〇三年、五三三-五四二頁。
・金子賢『教師のためのロールプレイング入門』学事出版、一九九二年。
・関係学会・関係学ハンドブック編集委員会編『関係学ハンドブック』関係学研究所、一九九四年。
・Karp, M. (1998) Introduction of Psychodrama. p9, In M. Karp, P. Holmes, & K. B. Tauvon (eds.). (1998) *The Handbook of Psychodrama*. Routledge.
・Kellermann, P. F. (1992) *Focus on Psychodrama: The Therapeutic Aspects of Psychodrama*. N. Y.: Jessica Kingsley Publications.〔増野肇・増野信子訳『精神療法としてのサイコドラマ』金剛出版、一九九八年〕。
・Kellermann, P. F. & Hudgins, K. (eds.) (2000) *Psychodrama with Trauma Survivors: Acting Out Your Pain*. Jessica Kingsley Publishers.

・Kipper, D.（1986）*Psychotherapy Through Clinical Role Training.* N. Y.: Brunner/Mazel.
・近藤喬一・鈴木純一編『集団精神療法ハンドブック』金剛出版、一九九九年。
・黒田淑子『生きることと人間関係――心理劇の活用』学献社、一九八八年。
・Lacan, J.（1998）*Écrits I.* Editions du Souil.〔宮本忠雄・竹内迪也・高橋徹・佐々木孝次訳『エクリⅠ』弘文堂、一九六二年〕。
・Leutz, G.（1985）*Mettre sa vie en scene Le psychodrame.* Paris: Editions Epi/Desclee de Brouwer.〔野村訓子訳『人生を舞台に』関係学研究所、一九八九年〕。
・Leveton, E.（1992）*A Clinician's Guide to Psychodrama*（2nd. Edition）. N. Y.: Springer Publications.
・Liberman, R. P,. DeRisi, W. J., & Mueser, K. T.（1989）*Social Skills Training for Psychiatric Patients.* N. Y.: Pergamon Press.
・前田ケイ『日本における「心理劇」――その発展と課題』テオロギア・ディアコニア、二九巻、一九九五年、三-四七頁。
・前田ケイ『ＳＳＴウォーミングアップ活動集』金剛出版、一九九九年。
・Mannheim, K.（1929）*Ideologie und Utopie.* F. Cohen.〔高橋徹・徳永恂訳『イデオロギーとユートピア』（中公クラシックス）中央公論新社、二〇〇六年〕。
・マリノー・R著、増野肇・増野信子訳『神を演じつづけた男――心理劇の父モレノの生涯とその時代』白揚社、一九九五年。
・増野肇『心理劇とその世界』金剛出版、一九七七年。
・増野肇『サイコドラマのすすめ方』金剛出版、一九九〇年。
・増野肇・台利夫監修、磯田雄二郎・長谷川行雄・成沢博子・高良聖著『心理劇の実際』金剛出版、一九八六年。
・松村康平『心理劇――対人関係の変革』誠信書房、一九六一年。
・松村康平・斎藤緑編著『人間関係学』関係学研究所、一九九一年。
・Moreno, J. L.（1951）*Sociometry, Experimental Method and the Science of Society.* N. Y: Beacon House.
・Moreno, J. L.（1953）*Who Shall Survive?* N. Y.: Beacon House.
・Moreno, J. L.（1969）Psychiatry of the twentieth century: function of the universalia: time, space, reality and cosmos. *Psychodrama,* 3, 11-23.
・Moreno, J. L.（1962）*Psychodrama* Vol. 1.（3rd Edition）. N. Y.: Beacon House.〔増野肇監訳『サイコドラマ――集団精神療法とアクションメソッドの原点』白揚社、二〇〇六年〕。
・Moreno, J. L.（1959）*Psychodrama* Vol. 2. N. Y.: Beacon House.
・Moreno, J. L.（1969）*Psychodrama* Vol. 3. N. Y.: Beacon House.
・迎孝久「慢性精神分裂病患者に対する心理劇１（その２）」『九州芸術療法研究会誌』二巻、一九七三年、五-七頁。

・日本集団精神療法学会監修、北西憲二・小谷英文・池淵恵美・磯田雄二郎・武井麻子・西川昌弘・西村馨編集『集団精神療法の基礎用語』金剛出版、二〇〇三年。
・小此木啓吾「治療構造論序説」岩崎徹也他編『治療構造論』岩崎学術出版、一九九〇年、一-四六頁。
・Pines, M.（1998）*Circular Reflections: International Library of Group Analysis*., London: Jessica Kingsley Pub.
・Pratt, J. H.（1906）The class method of treating consumption in the homes of the poor. *The Journal of the American Medical Association*. **49**, 755-759.
・ローレンツ・K著、日高敏隆・久保和彦訳『攻撃――悪の自然誌（1、2）』みすず書房、一九七〇年。
・佐伯克『矯正心理劇の理論と実際』関係学研究、一〇巻、一九八二年、一〇-二二頁。
・杉山登志郎『発達障害の子どもたち』講談社、二〇〇七年。
・Schutzenberger, A. A.（1970）*Precis de Psychodrame*. Paris: Editions Universitaires.〔篠田勝郎訳『現代心理劇――集団による演劇療法と自発性の訓練』白水社、一九七三年〕。
・外林大作監修『教育の現場におけるロール・プレイングの手引』誠信書房、一九八一年。
・外林大作・辻正三・島津一夫・能見義博編『誠信 心理学辞典』一九八一年。
・Stein, A.（1981）Indication of concurrent individual and group psychotherapy. In L. R. Wolberg, M. L. Aronson（eds）, *Group and Family Therapy*. N. Y.: Brunner/Mazel.
・田中熊次郎『増訂 ソシオメトリーの理論と方法――人間教育の集団心理学的基礎技術の研究』明治図書出版、一九六七年。
・田中熊次郎『実験集団心理学』明治図書出版、一九六四年。
・田中熊次郎『ソシオメトリー入門――集団研究の一つの手引』明治図書出版、一九七〇年。
・高良聖『古典的心理劇技法からの展開――直面化をめぐって』集団精神療法、一巻二号、一九八五年、二一三-二一八頁。
・台利夫『臨床心理劇入門』ブレーン出版、一九八二年。
・台利夫『心理劇と分裂病患者――自発的行為の発展』星和書店、一九八四年。
・Vinogradov, S. & Yalom, I. D.（1989）*Concise Guide to Group Psychotherapy*. American Psychiatric Press.〔川室優訳『グループサイコセラピー――ヤーロムの集団精神療法の手引き』（新装版）金剛出版、一九九七年〕。
・Weber, M.（1904）*Die protestantische Ethik und der "Geist" des Kapitalismus*. J. C. B. Mohr.〔大塚久雄訳『プロテスタンティズムの倫理と資本主義の精神』岩波書店、一九八八年〕。
・Wilkins, P.（1999）*Psychodrama*. London: SAGE Publications.
・Wong, N.（1980）Combined group and individual treatment of borderline and narcissistic patients. *International Journal of Group Psychotherapy*. **30**（4）,

389-404
・Yalom, I. D.（1970）*The Theory and Practice of Group Psychotherapy.* Basic Books.
・Yalom, I. D.（1995）*The Theory and Practice of Group Psychotherapy*（4th Edition）. Basic Books.〔中久喜雅文・川室優監訳『ヤーロムグループサイコセラピー――理論と実践』西村書店、二〇一二年〕。
・横山太範・磯田雄二郎・磯田由美子「サイコドラマのグループプロセスの研究（2）」『心理劇』三巻一号、一九九八年、三〇-三六頁。
・横山太範・磯田由美子・磯田雄二郎「精神分裂病患者に見られた「自己愛ロール」」『集団精神療法』一五巻二号、一九九九年、一五九-一六五頁。
・横山太範・磯田由美子・磯田雄二郎「サイコドラマを用いた人格障害の治療」『臨床精神医学』二八巻一一号、一九九九年、一五三三-一五四〇頁。
・吉田圭吾・武藤晃子・高良聖・森岡正芳・小島達美『心理療法とドラマツルギー』星和書店、一九九三年。
・吉松和哉「重複精神療法（multiple psychotherapy）の問題点」『精神医学』一〇巻、一九六八年、五四一-五四四頁。

# 索　引

## サ行

## タ行



## ナ行



## ハ行

## マ行



## ヤ行



## ラ行

著者紹介

磯田　雄二郎　（いそだ　ゆうじろう）

1948年生まれ
1973年　東京大学医学部卒業
1996年　東京大学にて学術博士（医学）学位取得
現　在　静岡大学大学院人文社会科学研究科臨床人間科学専攻臨床心理学コース教授
著訳書　『集団精神療法の基礎用語』（分担執筆）金剛出版 2003、『精神医学の名著50』（分担執筆）平凡社 2003、『精神医学――その基盤と進歩』（分担執筆）朝倉書店 2002、『エッセンシャル・モレノ――自発性、サイコドラマ、そして集団精神療法へ』（共監訳）金剛出版 2000、『心理劇の実際』（分担執筆）金剛出版 1986。

サイコドラマの理論《りろん》と実践《じっせん》――教育《きょういく》と訓練《くんれん》のために

2013年８月20日　第１刷発行

著　者　磯田雄二郎
発行者　柴田敏樹
印刷者　田中雅博

発行所　株式会社　誠信書房
〒112-0012　東京都文京区大塚3-20-6
電話　03（3946）5666
http://www.seishinshobo.co.jp/

創栄図書印刷　イマヰ製本所
落丁・乱丁本はお取り替えいたします
検印省略

ISBN978-4-414-40080-9 C3011